Decoración básica con
COLOR

LIBSA

CONTENIDOS

© 1999, Editorial LIBSA
San Rafael, 4
28108. Alcobendas. Madrid
Tel. (34) 91 657 25 80
Fax (34) 91 657 25 83
e-mail: libsa@libsa.redestb.es

Traducción: Alberto de la Guardia

© Eaglemoss Publications Ltd.

Título original: *Choosing a Colour Scheme*

ISBN: 84-7630-766-7
Depósito legal: B- 43.713-1998

Impreso en España/*Printed in Spain*

CRÉDITOS DE FOTOGRAFÍAS

INTRODUCCIÓN

Decorar nuestra propia casa puede resultar verdaderamente gratificante. No sólo ahorramos dinero sino que se nos ofrece una oportunidad única de ejercitar tanto nuestra capacidad práctica como creativa.

Este libro está concebido como ayuda en ambas áreas y se centra en un aspecto esencial de la decoración: el color.

A través de sus páginas se explica paso a paso cuáles son las combinaciones más acertadas, cuáles son los complementos de color imprescindibles para armonizar un conjunto y qué efecto producen visualmente las diversas gamas cromáticas. En cualquier estancia se puede recrear el ambiente deseado utilizando tanto las posibilidades de armonía y equilibrio como las de contraste que ofrece la aplicación del color en todas sus gamas.

También da importantes sugerencias para saber utilizar las muestras de tejidos y papeles, y sus indicaciones servirán de ayuda a la hora de escoger los materiales en una tienda.

El color es, tal vez, el elemento que más destaca en cualquier decoración; conocer a fondo esta materia permitirá crear el ambiente y la atmósfera deseada en cada habitación.

Tres modelos de esquema cromático

El color es probablemente la más útil de todas las herramientas a disposición del decorador. Utilizado convenientemente, puede hacer que una habitación pequeña parezca grande y una oscura, más luminosa, o bien provocar un cambio total de atmósfera. Si estamos diseñando un esquema cromático, sustituyendo o actualizando otro anterior, es muy importante planificarlo adecuadamente. Tomémonos nuestro tiempo, recojamos ideas de los esquemas cromáticos de otros, que hayamos visto en sus casas, oficinas o incluso restaurantes, y tomemos nota de aquellos colores que encontremos bellos y agradables.

Antes de comprometernos con un color en particular, meditemos y decidamos qué tipo de estilo queremos conseguir. Comencemos definiendo qué sensaciones queremos sugerir, si debe ser cálida y conforta-ble, fresca y ligera, brillante y alegre, tranquila, bonita o elegante. Después pensemos qué colores transmiten esa sensación. Por ejemplo, los rojos y rosas cálidos crean una atmósfera acogedora, mientras que los fríos blancos y los colores pastel proporcionan una sensación etérea y espaciosa.

Escoger los colores y ponerlos juntos es, en cierto modo, una cuestión de gusto, aunque existen criterios generales que pueden resultar útiles.

En primer lugar, *los colores parecen distintos según los diferentes tipos de luz.* Un rojo que presente un particular matiz azulado en una sala de exposición, bajo una luz eléctrica intensa, puede perder su matiz azulado y dar un cálido rojo claro cuando se ve en una habitación soleada. Un azul intenso puede parecerlo aún más en una habitación oscura, pero ese mismo color, visto en una habitación luminosa perderá buena parte de su intensidad. Por todo esto es muy importante probar con una muestra grande de color en la habitación en la que vaya a ser aplicado.

En segundo lugar, *un color afecta a los colores próximos a él.* A usted le puede encantar un rosa determinado o un verde particular, pero es posible que juntos resulten un desastre. Por otra parte, en sí mismos, un gris o un beige pueden parecernos apagados, pero cobran su tono exacto junto a una mancha brillante de rosa o anaranjado.

Esto nos lleva directamente a un tercer aspecto: *hasta qué punto un color se ve afectado por la forma en que lo veamos.*

Una habitación pintada completamente de rosa o de naranja puede resultar incómoda para vivir, pero unas pequeñas cantidades de esos colores pueden dar vida a una habitación blanca.

Si busca crear colores y estampados algo complicados —y la mayoría de nosotros lo hacemos— en las siguientes cinco páginas encontrará tres modos de abordar la creación de esquemas cromáticos, desde tres puntos de partida diferentes.

Combinando colores
Cuando queramos decorar una habitación, ésta deberá tener ya los muebles, las alfombras o las cortinas, para utilizar sus tonos como punto de partida. El esquema decorativo que se muestra en la página siguiente está basado en esta muestra de moqueta.

El tema central de una combinación

La habitación de arriba sigue una combinación predominantemente azul pero también se han utilizado otros colores, todos derivados de muestras reunidas en torno al azul. La mayoría de los recubrimientos de paredes y tejidos están moteados o tienen una textura gruesa para añadir interés y contrarrestar la calidad fría que la pintura azul lisa tiene a veces.

Es de destacar cómo la iluminación afecta a los colores. Los puntos de luz en esta habitación hacen menos brillantes los colores de las muestras que cuando se observan a la luz del día (página siguiente).

PUNTOS DE PARTIDA

Algunos de nosotros hemos tenido la suerte de poder crear una combinación de colores para una habitación desde el principio. Debemos mantener aquellas cosas que por su precio no pueden ser cambiadas fácilmente —la moqueta o el sofá, por ejemplo—. En torno a ellas hemos de trazar nuestros planes. Esta circunstancia puede llegar a favorecernos, sin embargo, porque nos proporciona un punto de partida desde el cual trabajar. En efecto, vencer las limitaciones puede resultar la mejor forma de espolear la creatividad.

Reunir muestras. Una forma de evitar errores que terminan saliendo caros es poner a prueba los colores y estampados

que hemos elegido, reuniendo muestras como las de la página siguiente, de modo que podamos comprobar qué tal funcionan juntas. Comencemos consiguiendo una muestra del elemento que no podemos cambiar. Si no podemos encontrar una muestra exacta de nuestra propia moqueta, por ejemplo, busquemos otra que se acerque mucho en color y textura.

Después comencemos a reunir recortes de tejidos, papeles pintados, hebras de lana de colores etc., de los tonos que queremos combinar con el elemento que no vayamos a cambiar. Resultará útil que una o dos de las muestras tengan trozos del color del elemento fijo, con el fin de ayudar a relacionarlos. La tendencia actual en cuanto a coordi-

nación de gamas de tejidos, papeles y ribetes, hace mucho más fácil saldar con éxito esta tarea. De este modo podremos ver también si la densidad del estampado resulta atractiva o, por el contrario, demasiado cargada.

Combinar y comparar. No nos limitemos a una sola gama de colores. Una habitación con paredes color albaricoque claro, muebles albaricoque medio y moqueta albaricoque oscuro, puede combinar perfectamente, pero corre el riesgo de resultar plana y apagada. Con imaginación, cualquier color puede ser interpretado de muchas formas distintas. El azul, por ejemplo, puede ser azul auténtico, azul verdoso o azul violáceo, o puede también ser claro u oscuro, pálido o intenso.

Los estampados ligeros y sutiles pueden

combinar más fácilmente que otros fuertes y de gran tamaño. Las moquetas de tejido bereber y miniestampadas reúnen el sentido práctico necesario sin resultar por ello demasiado dominantes.

La textura es también importante. El azul de un algodón puede ser el mismo que el de una vasija de cerámica brillante, pero se perciben de forma distinta.

Reunir muestras nos ayudará a percibir cómo modificar el color central. Dispongamos de una buena gama de muestras y vayamos reduciéndola por eliminación, hasta llegar a la elección final, podemos experimentar con pequeños trozos contrastados, de color intenso y acentuado, para ver el efecto.

Variaciones sobre un tema

Cuando reunamos muestras, recordemos buscar texturas superficiales distintas y tratemos de incorporar también uno o dos colores fuertes. Aquí, los azules y azul-verdosos combinan bien con los beiges o grises de la moqueta. Llama la atención, no obstante, la vida que llevan a todo el conjunto los toques de terracota y el arce añejo del marco del cuadro.

TOMAR UN ESTAMPADO QUE YA EXISTE

Los diseñadores profesionales de tejidos son expertos en manejar los colores, así que si encontramos estampados fuertes en la moqueta, paredes, cortinas o tapicería, sigamos el ejemplo de los diseñadores y utilicemos esos colores como la base de nuestro esquema cromático.

El esquema cromático de la habitación de la izquierda está basado en el tejido de la tapicería del sofá (a la derecha). El albaricoque pálido del color de fondo se convierte en el color de fondo de paredes y cortinas. El frío azul grisáceo del estampado se refleja en el color de la moqueta, los cojines y el tapete de la mesa de camilla, mientras que el terracota cálido se utiliza como un color acentuado en la pantalla de la lámpara, la cubierta de los libros, las faldas de la mesa y las fundas de los cojines.

El color hueso del tejido estampado se repite en la mesa de café, las estanterías y

los revestimientos de madera, para aportar un acogedor toque de frescura e impedir que la combinación de colores pueda resultar demasiado pesada.

Un estampado puede sugerirnos qué colores van bien juntos, pero también puede señalar en qué proporciones funcionan mejor.

Miremos ahora la foto de la izquierda y podremos ver cómo resulta todo esto en la práctica. La zona de color más grande en el estampado —albaricoque— es también la mayor en la habitación. La segunda superficie dominante, la moqueta, toma el gris azulado. Del mismo modo, los toques de blanco y terracota se utilizan con moderación para evitar que dominen a los colores principales. La proporción es un ejercicio de sutileza y los estampados le darán la clave de una combinación plenamente conseguida.

Mediante la mezcla de colores armoniosos, los propietarios de la casa logran una habitación elegante, relajada y vistosa.

◁ **La combinación de estampados**
Tomando el tapizado del sofá como un punto de partida, la combinación de colores de esta habitación se deriva directamente de los estampados del tejido: albaricoque, gris azulado, terracota y blanco. Fíjese, asimismo, en que los colores se utilizan en proporciones similares: el albaricoque es el color principal y el gris azulado, el secundario, mientras que los otros actúan como contraste (a la derecha).

LA IDEA LUMINOSA

CRITERIOS PARA EL COLOR

El uso de tejido estampado es una guía cuando hay que decidir dónde y qué cantidad de color utilizar en una habitación.

Calculemos más o menos qué cantidad de cada color se utiliza en el estampado. Primero, las mayores superficies de color y luego las más pequeñas. Después hagamos una lista de las partes de la

habitación a las que hay que dar color, desde las más extensas, paredes y suelo, hasta los pequeños accesorios.

Pero no nos ciñamos demasiado rígidamente a la idea de proporción. Los colores dominantes dependerán del tamaño de la habitación y de la luz de que disponga: un color oscuro en las paredes puede no resultar aconsejable en una habitación pequeña, por ejemplo.

En la tela, el principal color es un verde medio. La **moqueta** es la superficie más extensa.

El verde pálido es el segundo color. Las **paredes** son otra superficie importante.

El tejido clave es el de las **cortinas**, enlazando el conjunto del esquema cromático.

El **mobiliario** de madera clara evoca los marrones claros de la tela

Los colores brillantes de la tela son los colores vivos en **lámparas, vasijas** y **cojines.**

En la **colcha** se usa un azul pálido y apagado.

Al encuentro de la inspiración

Recorte y reúna fotografías de habitaciones que le resulten atractivas. Así podrá determinar con precisión con qué colores se siente cómodo y usarlos como base para crear sus propias combinaciones de color.

Los tonos dorados y albaricoques de las fotos de revista de la izquierda sirvieron de inspiración para las combinaciones de color del dormitorio de la parte superior. Las paredes en amarillo suave, una moqueta de color albaricoque y las cortinas de encaje, crean una atmósfera cálida y ligera, potenciada por los sutiles toques de rosa claro y hueso.

CÓMO ENCONTRAR SUS COLORES PREFERIDOS

Usted puede guardar en su subconsciente un color favorito o una combinación de colores, pero no llegar a ser consciente de ello. También puede suceder que permanezca confuso ante la gran cantidad de opciones distintas de colores en decoración.

Para superar este problema, cojamos libros y revistas de decoración de interiores aunque algunos estén ya anticuados, o no reproduzcan demasiados ejemplos del tipo de habitación que usted se propone decorar, siempre que estén repletos de ilustraciones y fotos en color.

Hojéelos todos de una vez, sin reparar en el estilo de las habitaciones en particular, pero señalando las combinaciones de color de aquellas que le resulten atractivas. Cuando haya terminado, guárdelos fuera de su alcance y olvídelos.

Vuelva a retomar una semana después los libros y revistas donde haya dejado señales. Se sorprenderá al ver que la mayoría de las fotografías que seleccionó tienen uno o más colores en común y que a menudo esos colores se utilizan de forma parecida.

Al determinar con precisión sus preferencias, puede usar esta información para planificar su esquema cromático ideal.

Recuerde que los colores que le gusten para vestir, no son necesariamente los mismos que querría para vivir entre ellos.

El lenguaje del color

Las diferentes combinaciones de color pueden hacer que una misma habitación parezca confortable o elegante, relajada, estimulante, espectacular o incluso divertida. Pueden llegar también a alterar la percepción de las dimensiones de la habitación. Sin embargo, quizá por el hecho de contar con tantas opciones, a menudo resulta difícil saber por dónde empezar.

El modo en que los diseñadores profesionales hablan de los colores, puede hacer que parezca muy complicado. Pero una vez que comprendamos los principios básicos de la teoría del color, seremos capaces de crear esquemas cromáticos para lograr el ambiente y los efectos que deseemos.

LA RUEDA DE COLOR
Se dice que el ojo humano puede distinguir alrededor de 10 millones de colores distintos. Pero cada uno de ellos está basado en los colores del arco iris: rojo, amarillo, naranja, verde, azul, añil y violeta, además del negro y el blanco.

Para mostrar cómo estos colores básicos se relacionan con los demás, y cómo se combinan para formar otros colores, los científicos han propuesto la rueda de color.

Colores primarios. Los tres colores clave son el rojo puro, el amarillo puro y el azul puro. Son conocidos como primarios, porque no se pueden obtener mezclando otros colores. Todos los demás colores puros pueden obtenerse mezclando los primarios.

Colores secundarios. Generalmente naranja, verde y violeta resultan de la mezcla en cantidades iguales de otros dos colores primarios. También hay muchos colores intermedios: docenas de diferentes amarillos verdosos, azules verdosos, azul violeta etc., resultado todos ellos de la mezcla de colores que están situados uno al lado del otro en la rueda del color.

Colores de contraste. Los colores que contrastan con más fuerza están enfrentados directamente en la rueda. El rojo y el verde, el amarillo anaranjado y el azul violáceo, por ejemplo.

Colores armónicos. Están unidos unos a otros en la rueda. Comparten una base de color, por ejemplo amarillo-naranja, naranja y rojo naranja, teniendo todos en común el color naranja.

Colores pastel, tonos y mezclas. La rueda de color se presenta en colores puros. Por ejemplo, con colores creados a partir de una combinación de dos vecinos. Pero, por supuesto, los tejidos y las pinturas y moquetas se vuelven más pálidos —menos intensos— o más luminosos con una mezcla de blanco, conocida por lo común como pastel. También se vuelven más apagados con una mezcla de gris o negro. O se convierten en mezclas sutiles en las que se añade una pizca de color de otra parte de la rueda, como por ejemplo un amarillo anaranjado con un toque de azul, o un amarillo verdoso con una pizca de rojo.

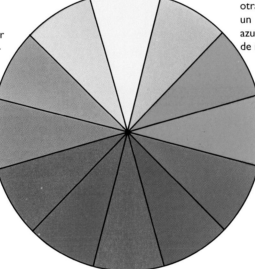

▷ **La rueda de color**
La rueda es una herramienta útil para comprender de qué forma los colores se relacionan unos con otros y cómo se coordinan en las combinaciones de color.

▽ **Los colores secundarios**
El verde puro se construye a partir de cantidades iguales de amarillo y azul. El violeta, a partir del rojo y el azul. Y el anaranjado, a partir del rojo y el amarillo.

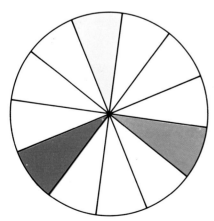

△ **Los colores primarios**
La rueda de color muestra la manera en que los colores primarios —rojo puro, amarillo y azul— la dividen en tres partes iguales.

Colores cálidos

Los rojos, rosados, amarillos —colores asociados con la luz solar y con el fuego— crean una atmósfera acogedora y confortable. La elección de estos colores cálidos, en el lado izquierdo de la rueda de color, hace que una habitación grande parezca más pequeña y entrañable, que otra sin luz solar resulte más luminosa o, sencillamente, que transmita una sensación más acogedora.

Paredes de color melocotón, cortinas estampadas en rosa, tonos rojizos en la moqueta y conjuntos de cojines en rosas, rojos y amarillos, dominan el escenario en esta alegre habitación. Los toques de blanco y el fresco follaje verde de las plantas, contribuyen a equilibrar los colores cálidos y evitan que éstos dominen en exceso.

Cuando proyecte un esquema cromático cálido, recuerde que cuanto más cerca estén los colores a uno cálido primario (rojo o amarillo), más fuertes resultarán. Puede resultar pesado convivir con superficies extensas de este tipo de colores, por lo que resulta más prudente elegir las versiones más suaves, como el rosa, melocotón y amarillo claro, reservando las más fuertes sólo para dar pequeños toques de color.

Colores fríos

El otro lado de la rueda de color está hecho de verdes, azules verdosos y azules, los colores del agua clara y los bosques umbríos, los cielos azules y los prados. Éstos son los colores que debemos utilizar si buscamos lograr una habitación que transmita una atmósfera tranquila y fresca.

La sala de estar que podemos ver aquí tiene un sabor tropical muy característico. Las diversas extensiones de azul frío utilizadas en las paredes y en las tapicerías de las sillas evocan el mar y el cielo, y se complementan perfectamente gracias a los colores arenosos y pálidos del mobiliario y del material que recubre el suelo, mientras que las plantas aportan toques de un verde exuberante.

Los colores fríos siempre parecen más alejados de quien los mira que los cálidos; por eso consiguen que una habitación pequeña parezca más espaciosa mediante un efecto visual de echar hacia atrás las paredes. Es preciso tener cuidado, sin embargo, en aquellos casos en los que la habitación está orientada de espaldas a la luz. Los colores fríos pueden parecer en estos casos demasiado tristes. Las habitaciones que disfrutan de mucha luz natural pueden ser decoradas con cualquiera de estos colores sin resultar frías.

Colores contrastados

Se puede iluminar una habitación mediante la utilización de combinaciones muy contrastadas, a partir de colores opuestos en la rueda, por ejemplo el rojo y el verde o el azul y el naranja. Estas parejas de color son conocidas como «complementarias». Cuando se sitúan una cerca de la otra se refuerzan mutuamente y el resultado es vivo y vibrante.

En el esquema de esta habitación, los colores han sido escogidos para transmitir un efecto alegre y luminoso. Los colores muy contrastados, como el rojo y el verde, el azul y el amarillo, aparecen en los papeles pintados, la pintura y los accesorios. La utilización del blanco tiene un efecto refrescante y refuerza los colores brillantes.

Los colores contrastados utilizados en cantidades equivalentes tienden a provocar un efecto molesto, al competir uno contra otro, de forma que uno de los dos domine. Aquí, el sofá amarillo se constituye en un centro de atención que da fuerza al conjunto de la habitación. La superficie verde de la ventana es más reducida, mientras que el rojo sólo se utiliza en pequeños toques.

Colores armónicos

Si toma dos, tres o cuatro colores contiguos en la rueda de color, puede estar seguro de que combinarán muy bien al estar íntimamente relacionados por su posición en la rueda de color.

Son ejemplos de grupos armónicos de colores el rosa con el albaricoque, melocotón y dorado; el azul claro, azul verdoso, aguamarina y verde o el azul campánula, el malva y el brezo púrpura. Funcionan bien juntos porque ninguno resulta chocante o domina a los otros y se da un espacio cromático común entre un color y el siguiente.

La combinación de colores en la habitación que vemos a la izquierda disipa el mito acerca de las malas relaciones entre el verde y el azul. Los verdes menta, azules verdosos y verdes esmeralda están dispuestos unos junto a otros, con los colores de la habitación reflejados en accesorios como la lámpara y las vasijas.

Los rojos y amarillos en el tejido del sofá aportan un toque de calidez para compensar el frío efecto de los verdes y los azules. Un pequeño contraste como éste es un recurso inteligente para animar una armoniosa combinación de colores.

Colores pastel

Los colores puros iluminados con una buena cantidad de blanco se conocen como colores pastel. Por ejemplo, el rojo aclarado con blanco se transforma en rosa, los verdes puros se transforman en verdes manzana y el naranja se transforma en albaricoque.

Estos suaves y bellos colores, a veces denominados en Inglaterra colores «de peladillas» o «de helados», han sido siempre muy populares, por ser muy bonitos y transmitir una gran frescura. Combinan sin ningún esfuerzo con la gama más clara de los colores apagados y con los estilos tanto clásico como moderno de mobiliario. También interesa subrayar que cualquier color pastel combinará bien con otro, incluso aquellos que están enfrentados en la rueda de color. Esto se debe a que todos ellos tienen en común contener una buena proporción de color blanco.

El estilo luminoso, alegre y romántico de este cuarto de estar se consiguió a partir del uso generoso de tejidos azul pálido, verde y malva. Fíjese en cómo varios estampados diferentes combinan sin problemas, por estar todos ellos diseñados en colores pastel.

Colores sutiles y apagados

Los colores puros que han sido oscurecidos con un poco de negro o de gris se conocen como colores «apagados» o «sombríos». También se dan aquellos colores construidos a partir de una mezcla de dos o más colores puros, como por ejemplo el naranja con un poco de azul. Sin embargo, nada hay de sombrío o aburrido en colores con nombres tan evocadores como el marrón rojizo, amarillo mostaza, verde salvia, azul gasolina, o «frutos triturados», tales como el ciruela, mora y zarzamora. Pensemos, también, en los intensos y exuberantes colores lacados inspirados en Oriente, carmesíes, verdes esmeralda y dorados.

Aquí, los colores apagados crean una atmósfera acogedora y otoñal. Se ha utilizado toda una gama de colores apagados y sutiles, como los rosas cálidos, los marrones y los terracotas, compensados por los fríos verdes y azules. Como los colores apagados contienen una parte de negro, resultan particularmente vistosos cuando se combinan con toques de ese color. Sin embargo, también resulta muy conveniente introducir algunas salpicaduras de colores más brillantes, para evitar que la combinación resulte pesada.

Neutros

En el lenguaje de los diseñadores de interiores, los colores neutros abarcan desde el blanco hasta los cremas, beiges, castaños y marrones; y desde el gris plateado claro hasta el negro. Resultan muy útiles para combinarlos con colores más definidos y para crear esquemas cromáticos totalmente neutros.

Podemos encontrar inspiración para los esquemas neutros en los colores terrosos de la naturaleza. Pensemos en el color blanquecino de la arena, los suaves marrones y castaños de la tierra y de la madera o en el blanco amarillento del maíz maduro.

El conjunto de tejidos coloreados en tonos neutros mostrados aquí reflejan los colores y texturas de objetos de la naturaleza tales como conchas marinas y guijarros, madera y mármol. Las superficies y las texturas juegan un papel importante en cualquier combinación de colores neutros, ya que les aportan variedad e interés.

Resulta fácil convivir con los colores neutros. Aportan un contraste perfecto para el mobiliario, los cuadros o las plantas.

Los tonos

Cuando estamos decorando una habitación, es importante pensar en la gama de tonos. El tono describe el grado de luz u oscuridad de un color, tal y como ilustran estas muestras rosas, rojas y beiges en tonos luminosos, medios u oscuros.

Una habitación que únicamente contenga tonos luminosos u oscuros puede resultar descompensada e «indigesta». No olvidemos pues incluir algunos tonos medios para enlazar aquéllos luminosos con los oscuros y aportar al esquema cromático mayor fluidez. Observemos cómo en el conjunto de muestras, los rosas más intensos y los rojos apagados enlazan con los rosas más pálidos y los beiges.

Para entender cómo funcionan los tonos, piense en una fotografía en blanco y negro, donde todos los colores se hayan transformado en tonos negros, blancos y grises. Imagine ahora una habitación decorada enteramente con colores de tono claro y luminoso. Su foto en blanco y negro daría prácticamente los mismos matices de gris, aburridos y templados. Mediante el uso de toda una gama de tonos, cualquiera que sea el color, el esquema cromático de una habitación resulta mucho mejor.

COLORES ACENTUADOS

Resulta sorprendente comprobar cómo unos pequeños toques en un color brillante y contrastado dan vida a una habitación. La mayoría de las combinaciones cromáticas, especialmente las basadas en colores neutros, salen ganando con el añadido de un color acentuado. No obstante, estos colores necesitan ser manejados con mucho cuidado: dos o tres manchas; nunca una docena. De otro modo, el efecto será como de lunares.

Contrastes acentuados

Una habitación que cuente predominantemente con un color —monocromática— necesita algún color acentuado para añadir energía e interés. La rueda de color representa una guía fácil de usar y muy útil a la hora de elegir colores acentuados apropiados. Sólo hay que elegir uno del lado opuesto al del color dominante (amarillo en este caso).

Colores agudos o brillantes

Cuando una combinación de colores está basada en un estampado impreso en varios colores resulta por lo general eficaz tomar un color, para después ir a por una versión más intensa del mismo. En este esquema cromático, el rosa brillante distribuido por las cortinas y los tapetes de la mesa aporta estilo y gracia.

Esquemas cromáticos para la casa

La inspiración del color

Este vestíbulo ha sido pintado en tres colores muy pálidos que, de modo muy sutil, nos introducen al resto de la casa. En primer lugar, las paredes color crema constituyen un contraste perfecto para los tableros de madera de pino veteada de la tarima y la alfombra oriental. Para los arcos del techo y los radiadores se ha escogido un verde muy pálido, que nos conduce a las habitaciones que dan al recibidor. Los techos son de un color lavanda muy suave, que puede verse reflejado en una habitación vecina. Las cornisas blancas y la madera dan coherencia a todo el esquema de color.

Los profesionales del diseño interior consideran muy importante la unidad visual. Su experiencia les capacita para ver de una sola vez todo el interior de una casa, como algo interrelacionado, abarcando la misma como una unidad decorativa en vez de como una serie de habitaciones inconexas. Al ver así las cosas evitan caer en la discontinuidad.

En las casas más pequeñas, la luz y el espacio tienen un gran valor. La creación de un fondo luminoso y de color neutro, utilizando diferentes matices de blanco, crema, beige y gris en las paredes, carpintería y entarimado, siempre da buenos resultados. A partir de ahí podremos añadir cualquier color acentuado como contraste, en los accesorios o en las alfombras. Estos elementos pueden ser fácilmente sustituidos, para dar a un esquema cromático neutro un aspecto nuevo con posterioridad.

CÓMO COORDINAR CON EL SUELO

La continuidad visual y la sensación de espacio pueden ser conseguidas mediante el uso del mismo o parecidos colores en los suelos de toda la casa. Nuestras opciones entre los diferentes recubrimientos de suelo no tienen por qué ser siempre del mismo material o color para producir una sensación de continuidad. Así, una moqueta color miel o miniestampada en el vestíbulo y las escaleras combina bien con, por ejemplo, unas baldosas algo más oscuras en la cocina y con una moqueta de color caramelo o un entarimado veteado en la sala de estar.

Ahora bien, a la hora de escoger un tipo de suelo para el conjunto de la casa, los colores neutros como, por ejemplo, el beige, el gris o el crema, van muy bien, al permitir un abanico amplio de opciones decorativas. La elección de un tono claro para los suelos fue considerada como algo sin el menor sentido práctico, pero con algunos de los nuevos materiales, esto pasó a la historia. Los actuales materiales de vinilo en colores crema o hueso, pueden llegar a ser muy sufridos y cumplen su función cuando se trata de iluminar un vestíbulo o una cocina oscuros.

Unas alfombras bien escogidas, con estampados y dibujos similares, también pueden enlazar zonas con suelos diferentes. Alfombras orientales de intenso colorido, *dhurries* en tonos pastel o alfombras *art deco* de diseños geométricos muy marcados, en colores neutros, pueden reflejar y enlazar los colores de forma muy útil en distintos esquemas cromáticos.

▽ **El plano del suelo**
*Cada habitación de este plano refleja alguno
de los colores de la habitación contigua.
Aunque los suelos están recubiertos de
materiales diferentes, están relacionados
todos por el mismo tono de gris. Sin embargo,
otras combinaciones de color son más sutiles.*

SUELOS ALTERNATIVOS

Las baldosas de moqueta han merecido una
positiva consideración. Hay algunas combinaciones de colores neutros muy atractivas, tales como el gris y crema y el beige y
crema. Pueden crearse efectos ribeteados
que también ayudan a dirigir la mirada desde una habitación a otra. Comparten con
los demás tipos de baldosa la facilidad con
la que pueden ser sustituidas las que se
estropeen.

Algunas gamas de baldosas de moqueta
sólo están disponibles con moquetas a juego. Son particularmente útiles en proyectos
combinados de sala de estar y comedor,
cuando se quiere instalar el mismo tipo de
suelo a lo largo de la sala de estar y el
comedor. En tal caso, las baldosas de

moqueta son una opción muy sensata en la
zona de comedor, en la que los suelos son
especialmente vulnerables a los líquidos
derramados y a las manchas.

Los recubrimientos estampados de los
suelos en colores neutros son una buena
solución si queremos separar grandes
superficies de suelo y sin embargo no deseamos que resulte demasiado llamativo. En
la actualidad disponemos de muchas opciones en moteados a dos tonos, cuadros,
pequeños diseños geométricos o a listas,
tanto en texturas sufridas como delicadas.

Algunas de las últimas gamas de moquetas existentes en el mercado tienen pequeños estampados en coloridos de tono medio o claro, que se adaptan especialmente
bien a las casas más pequeñas.

EL SUELO EN LOS PASOS DE PUERTA

Las placas de aluminio o latón que sujetan los bordes de la moqueta en los pasos de puerta, son con frecuencia un elemento decorativamente poco afortunado. Pueden obstaculizar la percepción de continuidad del conjunto. Existen placas de madera para umbrales de puertas que combinan bien con ciertos esquemas decorativos y son también menos llamativas. Pueden estar coloreadas, pulidas o pintadas, de forma que combinen exactamente con el recubrimiento del suelo.

CÓMO COORDINAR EL COLOR DE LAS PAREDES CON LOS TONOS ACENTUADOS

El camino más sencillo para manejar los diferentes colores, en las habitaciones que comunican con el vestíbulo o el rellano, consiste en tomar varios tonos distintos del mismo color. De este modo pueden armonizarse sin que parezca insípido.

En primer lugar, hay que decidir si queremos crear una atmósfera cálida o fría. Los colores yema de huevo, magnolia y maíz tostado, en habitaciones comunicadas con un recibidor o un rellano pintados en crema, combinan bien y transmiten un efecto cálido. Los azules pálidos, grises y lavandas proporcionan una sensación suave y fría.

Los colores fuertes en cuadros, iluminación y adornos ayudan a dirigir la mirada de una habitación a otra. En un esquema cromático neutro, ésta se fijará sobre cualquier trazo brillante de color primario.

Por ejemplo, un toque ligero de rojo en el grabado enmarcado del salón blanco y negro reproducido en la página contigua se repite en los grabados enmarcados del recibidor, las flores rojas sobre la mesa del comedor y los accesorios de la cocina. También se reproducen pequeños toques de rojo en los grifos esmaltados del lavabo y en la barra de la persiana.

▽ **Telas, papeles pintados y moqueta**
Estas telas y papeles pintados coordinados dan vida al conjunto del esquema cromático en la planta baja. Una moqueta de color gris medio es un color genérico muy práctico, mientras que los toques en rojo brillante en los accesorios y cuadros dirigen la mirada a lo largo de la zona de comedor y la cocina.

△ **Negros y blancos puros**
Inspirado por los papeles y tapicerías del cuarto de estar, el conjunto de la casa ha sido planificado a partir de estos motivos blancos y negros que conducen hacia los amarillos luminosos, los cremas y los turquesa. Un suelo en color gris medio resulta versátil y puede combinar con otros colores fuertes.

▽ **Plano del suelo**

El esquema cromático, claro y brillante, de la planta superior, transmite una atmósfera suave y una sensación más femenina. Las paredes han sido recubiertas de papeles pintados basados en una gama de estampados coordinados. El mobiliario es de madera clara a lo largo de toda la planta.

COMBINANDO LOS ESTAMPADOS DE LAS PAREDES

Los mejores diseñadores de interiores de hoy en día, mezclan frecuentemente papeles diferentes. Exige un poco más de atención la utilización combinada de dos o más estampados, pero con una planificación cuidadosa y atención a las escalas, las proporciones y el contraste de colores, pueden conseguirse algunos efectos verdaderamente originales. Unos papeles bien escogidos y unas telas estampadas pueden también ayudar a dirigir la mirada de una habitación a otra. El truco está en pensar de forma positiva y hacer un planteamiento decidido.

La oferta actual de telas estampadas, recubrimientos de paredes y suelos, es enorme. Prácticamente está disponible cualquier modelo, desde topitos y motivos geométricos, hasta los abstractos y florales. Resulta perfectamente posible combinar todos ellos en un esquema completo de planta inferior y superior, a partir del momento en el que hayan sido decididos los colores de fondo. Y mientras esté enfrascado en la tarea de contrastar materiales, no olvide que determinadas texturas son tan importantes como los estampados. Algunas técnicas de pintura como la pintura a la esponja, gotelé, jaspeado y veteado, o los papeles que las imitan, también ayudan a separar superficies estampadas.

COORDINANDO CON ESTAMPADOS

Los estampados pueden conseguir que las habitaciones grandes parezcan más acogedoras. Pero si sobrecargamos con ellos una habitación pequeña, el efecto puede ser claustrofóbico. Un ribete con papeles y telas complementarios, resultará más efectivo.

Cuando combinemos colores para habitaciones contiguas, debemos escoger en primer lugar un estampado. En el caso que observamos, el papel del cuarto de baño y la cenefa han inspirado todo el esquema cromático del piso superior. Es una buena idea separar los colores del estampado dominante y construir con ellos el esquema cromático. Trabajar a la luz del día supo-

ne una dificultad para lograr buenos resultados con luz artificial.

Las cuatro habitaciones y el rellano, en el plano de planta de la página contigua, cuentan con un esquema cromático que utiliza los tonos de los ribetes y los papeles pintados. Tanto el azul como el albaricoque de la cenefa del cuarto de baño, por ejemplo, destacan en el fino papel pintado floral y en las telas estampadas del dormitorio.

△ Cenefa de pimpollos de rosa

Este cuarto de baño, con papeles pintados, cenefa y baldosines coordinados, inspiró todo el esquema cromático de la planta superior. Podemos ver todos los elementos en el conjunto de muestras bajo estas líneas.

LA INSPIRACIÓN DEL COLOR

Cuando nos representamos visualmente la combinación de colores de un recibidor o un descansillo, resulta muy útil dejar abiertas todas las puertas que dan a las habitaciones contiguas. Podremos entonces ver cómo las paredes del vestíbulo y el descansillo actúan como un marco para todas las habitaciones que comunican con ellas. Si en lugar de estar pintadas en amarillo crema y gris, en el recibidor que vemos abajo, las paredes fueran grises y la carpintería blanca, resultaría igual de bien, y serviría para introducir los grises, azules pálidos y blancos, más fríos, de la habitaciones vecinas. Si se quiere una combinación más cálida de colores, el póster enmarcado ofrece una mejor inspiración. Escogiendo, por ejemplo, el naranja, podríamos enlazar con unas habitaciones contiguas pintadas en color albaricoque y melocotón. Cuando la carpintería cambia de color de una habitación a otra, nos enfrentamos a la necesidad de pintar los dos lados de las puertas de colores distintos. Es preciso tener mucho cuidado a la hora de decidir dónde debe acabar un color y comenzar el otro. Cuando las puertas están cerradas no hay ningún problema, pero una vez que se abran se verán también los bordes. Funciona mejor pintar el borde de la puerta que se abre del color de la cara de la puerta que da a la habitación, y el borde de las bisagras en el otro color. De esta forma, cuando la puerta se deja abierta, el color del borde visible y el plano de la puerta forman un continuo desde cualquier habitación desde la que sean vistos.

▽ **Contrastes decó**

El negro, el gris y el crema en este enmoquetado combina de maravilla con las paredes color crema, la carpintería gris pálido y el mueble de fresno.

Utilizar las muestras con éxito

La perspectiva de hacer a la vez todo el esquema de colores de una habitación, escogiendo los colores para las paredes, cortinas, suelos y papeles pintados, resulta muy interesante. Pero con tantas opciones disponibles, es difícil decidir por dónde comenzar.

Aquí es donde las muestras empiezan a ser útiles. Al recoger una gran variedad, con combinaciones de lisos, estampados y texturas diferentes, papeles pintados, muestras de color, moquetas y telas, podemos comenzar a estar seguros de que nuestra combinación será un éxito.

Lo primero que necesitamos es un punto de partida de algún tipo. Puede ser un sofá, una moqueta o unas cortinas que ya tengamos instaladas. O quizá tan sólo una pequeña idea del efecto que queremos conseguir, alegre o cálido, por ejemplo; o tranquilo y armonioso. La rueda de color (ver el capítulo «El lenguaje del color») es una herramienta útil para ayudarnos a identificar aquellos colores que funcionarán con el sofá o la moqueta o para crear el efecto que perseguimos.

Conviene hacer combinaciones con las muestras en grupos diferentes. Una vez que hayamos decidido qué colores funcionan bien juntos, habrá llegado la hora de dar un paso más y confeccionar una tabla de muestras como las que hacen los interioristas profesionales. De este modo, todas las muestras de tela, papel pintado, moqueta y pintura pueden ser vistas juntas y, aproximadamente, en las proporciones en que vayan a ser usadas. A partir de ese momento ya podemos imaginar cómo quedará nuestra habitación cuando esté terminada.

Finalmente, démonos tiempo para tomar decisiones. Dejemos la tabla de muestras en la habitación durante algunos días, para ver qué impresión nos produce cada elemento después de que haya pasado la primera oleada de entusiasmo.

◁ **Estampados**
Existe una gran oferta de estampados florales y geométricos, tradicionales y abstractos. Los estampados pequeños pueden perder definición en una habitación grande, mientras que los estampados grandes pueden sobrecargar una habitación pequeña.

◁ **Lisos**
Las pinturas, moquetas o tejidos lisos, tales como los algodones y los terciopelos, ayudan a resaltar las texturas y los estampados.

▷ **Texturas**
La textura describe la forma en la que los materiales se presentan al sentido del tacto; rugosos o lisos, aterciopelados o acanalados. Los tejidos y los recubrimientos de las paredes están también diseñados para imitar texturas: salpicados, granulosos, sedosos y con otros efectos táctiles.

CÓMO PLANIFICAR A PARTIR DE UN ESTAMPADO

El punto de partida puede ser el estampado de un sofá, moqueta, cortinas, papel pintado o incluso de un cojín. Él nos aportará la clave para su esquema cromático.

Comencemos por identificar los diferentes colores del estampado y después seleccionemos dos o tres para transformarlos en la base de nuestro esquema cromático.

Reunamos después nuestra colección de muestras, con lisos, estampados y texturas diferentes, de modo que dispongamos de una gama de opciones. Los colores lisos no siempre aportan suficiente interés visual y los estampados a menudo resultan sobrecargados. Por ello es muy importante considerar también las texturas.

Reunir las muestras. Resulta mejor siempre reunirlas a partir de elementos que ya tenemos —un trocito de moqueta o un retal de tela— mejor que a partir de imágenes impresas que pueden variar el matiz de color. Si diseña una habitación a partir de tonos beiges, una moqueta puede volverse más rosada que la muestra impresa, pudiendo estropear el conjunto del esquema.

Cómo manejar muestras. Resulta difícil imaginar cómo quedará una combinación de colores, a partir de unas muestras diminutas. Así que, en caso de trabajar con papeles pintados o telas de dibujo grande, es mejor conseguir muestras de buen tamaño.

Estudiemos las fotos en los muestrarios para imaginarnos el efecto de conjunto y si éste quedará bien, sobre superficies grandes, si será agradable o resultará sobrecargado. Si aún dudamos, es mejor comprar sólo un rollo antes que arriesgarnos a sufrir una decepción duradera.

Cómo utilizar la pintura. Del mismo modo, resulta difícil imaginar cómo quedará toda una habitación pintada con un color elegido a partir de una muestra diminuta. Necesitamos ver el color en sí mismo, no como una pequeña manchita rodeada de otras de colores similares.

Una vez que hayamos reducido nuestro abanico de opciones a uno o dos colores, siempre es una buena idea comprar un botecito pequeño de cada uno de ellos y hacer una prueba en la habitación. Es preciso tener en cuenta que la pintura húmeda es por lo común algo más oscura que la seca. Si pintamos sobre un cartón de buen tamaño, podremos comprobar cómo contrasta el color frente a los distintos muebles, a la luz solar, o bien en un rincón oscuro.

▽ **El punto de partida**
La tapicería del sofá supone una buena base de partida para nuestro esquema, al contar con bastantes colores.

▷ **Lisos**
Identificar separadamente los colores de la tapicería del sofá y recoger muestras de los mismos en materiales diferentes de recubrimiento de suelos, muestras de colores de pintura, telas y papeles pintados.

▽ **Estampados**
La tapicería del sofá tiene un estampado concreto, luego habrá que escoger otros estampados a base de los mismos colores. Es preciso comprobar que los estampados funcionen bien juntos.

▽ **Texturas**
Escojamos materiales con distintas texturas en colores similares, para dar interés a la superficie.

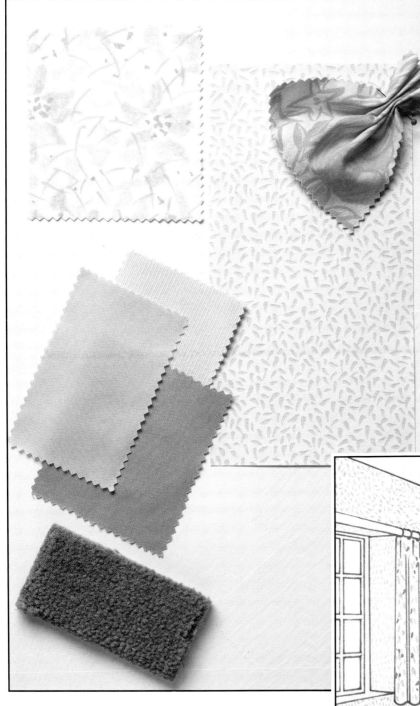

CÓMO HACER UNA TABLA DE MUESTRAS

Una tabla de muestras es uno de los «trucos del oficio» de los diseñadores de interiores profesionales. Le ayudará a evaluar si los colores, estampados y texturas combinan bien entre sí, dando una idea bastante precisa acerca de cómo quedará finalmente la combinación de colores.

Para hacer una tabla de muestras necesitaremos como base una plancha de cartón liso de 20x30 cm. El color de nuestro muestrario debe ser neutro.

Por lo común, alrededor de una sexta parte del color de una habitación viene del suelo, otra sexta parte, de las cortinas y tapicerías y los dos tercios restantes, de las paredes y el techo. Intentemos que las muestras guarden esas proporciones, de forma que cubran virtualmente el muestrario. Si es necesario consigamos dos o tres muestras de la moqueta escogida para reunir un trozo lo suficientemente grande. Si el suelo es de madera, busquemos un trozo para contrastar.

Finalmente, incluya hebras de lana o pequeñas astillas pintadas para ver qué colores acentuados funcionan mejor con el conjunto de la combinación de colores.

Cómo utilizar la tabla de muestras
A la izquierda: la tabla de muestras. Debajo: cómo quedará finalmente la habitación.

CÓMO BUSCAR IDEAS

Vale la pena ir a las tiendas especializadas a buscar muestrarios de estampados con gamas bien coordinadas de papeles pintados y tejidos. Incluso si no compra, le aportarán ideas acerca de qué colores funcionan juntos y cómo combinar lisos y estampados.

Por una pequeña cantidad, algunas tiendas nos darán muestras más grandes. O bien, a cambio de una cantidad en depósito, nos dejarán un metro o más.

LA IDEA LUMINOSA

PISTAS SOBRE ESTAMPADOS

Un problema a la hora de escoger un papel pintado estampado o un tejido —en particular uno con dibujos grandes— es hacerse una idea de cómo quedará cuando esté colocado. Algunos muestrarios de estampados tienen fotos que muestran el efecto de conjunto en una habitación. Algunas tiendas disponen de un gran espejo especial, una idea para copiar en casa.

Si nos colocamos a una buena distancia y mantenemos la muestra frente al espejo, el espacio entre nosotros y el espejo se dobla al reflejarse, dándonos una representación más objetiva de cómo quedará la muestra. Algunos estampados pequeños parecen desaparecer o confundirse en un solo color cuando se observan en la distancia.

Para hacerse una idea del efecto de repetición, mantengamos la muestra en ángulo recto pegado al espejo: el estampado se refleja y aparece el doble de grande.

LA IMPORTANCIA DE LA ILUMINACIÓN

Cuando escogemos las pinturas y los materiales, es esencial que hagamos nuestra selección bajo las mismas condiciones de luz que tengamos en nuestra casa. Ésta es otra razón por la que es una buena idea reunir una colección de muestras. Debemos tomar las muestras en la habitación que vamos a decorar y observarlas tanto a la luz del día, como bajo los efectos de la luz eléctrica, de noche. Tengamos en cuenta cuándo utilizamos más la habitación. Si el uso es más frecuente durante las horas diurnas, asegurémonos de que nuestra combinación de colores funciona bien durante las horas del día. Pensemos también en la atmósfera que queremos crear; si queremos una habitación cálida y acogedora o un dormitorio fresco y luminoso, por ejemplo.

Es fácil llegar a creer que todas las luces eléctricas producen el mismo efecto. Pero de hecho, los diferentes tipos de luz artificial afectan a determinados colores de formas distintas. Una luz normal de tungsteno, del tipo que producen las bombillas más corrientes, transforma al azul pálido en un ligero gris apagado, mientras que los rojos aparecen más vívidos. Bajo una cálida barra fluorescente blanca, los púrpura dan ciertos reflejos rosados. Sin embargo, en determinadas ocasiones, el color rosa aparece mortecino. Los colores pueden variar también según las condiciones de la luz diurna. Si observamos una habitación a lo largo del día, veremos cómo la luz sobre una pared es un poco distinta que sobre otra vecina.

CÓMO LOS COLORES SE AFECTAN UNOS A OTROS

El rojo que se ve en estas ilustraciones es siempre el mismo. Veamos cómo parecen distintos según junto a qué color estén situados.

☐ El blanco le hace parecer claro e intenso. El negro, más luminoso.

☐ El gris hace al rojo más oscuro. El azul, más brillante.

☐ Junto al naranja —un color muy relacionado con él— el rojo parece más oscuro y menos auténtico. El verde —un color opuesto en la rueda de color— hace aparecer al rojo más brillante.

UN COLOR LISO Y TRES ASPECTOS DISTINTOS

Si hemos comenzado con un color liso, bien sea en las paredes, la moqueta o la tapicería, contamos con un abanico de opciones casi ilimitado. Pensemos pues la clase de ambiente que queremos crear. Podrá ser elegante o rústico, floral o *high tech*. Deberemos escoger manteniendo en nuestra mente todo esto.

En los proyectos de habitación mostrados más abajo, el punto de arranque básico es la moqueta de color *toffee*. Mediante la combinación de estampados y texturas diferentes y ramificándolos con colores y estampados más o menos coordinados, resulta posible crear tres esquemas, transmitiendo cada uno de ellos sensaciones completamente distintas.

Como el aspecto de conjunto de una habitación depende no sólo de los colores, sino también del tamaño y tipo de estampados, así como de las texturas de los materiales utilizados en la decoración de la estancia, consideremos pues todos estos factores a la hora de reunir las muestras.

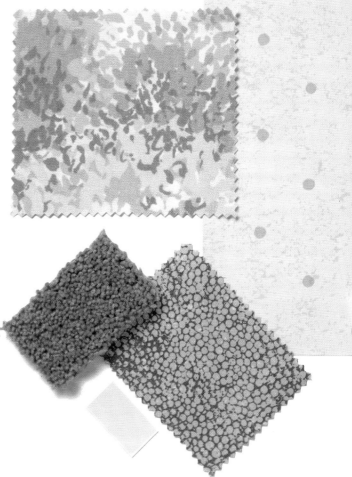

△ *Elegante e informal*

Los sutiles estampados con textura utilizados en las telas y en los papeles pintados recuerdan la textura de la moqueta. Todos los colores están relacionados los unos con los otros y son tonos que se encuentran en la naturaleza, relajados y suaves. Las cortinas y el sofá han sido escogidos por sus líneas elegantes e informales, siendo el efecto de conjunto ciertamente ligero y ágil.

△ Divertidamente sofisticado

En este proyecto el estampado se combina con estampados, los topitos y las rayas con los motivos florales para conseguir una apariencia espontánea y libre. Resulta bien debido a que los colores están algo apagados, aunque no del todo, a que los estampados son abstractos y las texturas, lisas. Un toque de color toffee en las telas basta para unificar el esquema.

△ Efecto rústico

Aquí, el común denominador son los colores arena, toffee y castaño, formando estampados de diferentes tipos y estilos funcionando bien juntos. Los cojines de color arena y los ribetes rompen la extensa superficie de color castaño del sofá, mientras que la superficie plana de la pared compensa el tejido algodonoso de la tapicería del sofá y la textura rizada de la moqueta.

LAS MISMAS MUESTRAS PARA DOS PROYECTOS

Los mismos materiales pueden ser utilizados para crear efectos bastante diferentes, dependiendo de cómo utilicemos los estampados más grandes y más pequeños, los colores más luminosos o más oscuros.

Si encontramos una foto de una habitación más o menos parecida a otra que vayamos a decorar, vale la pena calcarla sobre un papel en blanco y colorear las diferentes zonas para comparar las muestras. Esto nos permitirá hacernos una idea de cómo, por ejemplo, una extensa superficie de azul oscuro en las paredes producirá un efecto opuesto al del mismo tono de azul utilizado sólo en pequeñas superficies tales como una persiana o un cojín.

▷ Alegre y ligero
El atrevido estampado estilo estarcido crea un ambiente fresco y alegre. Los estampados con fondos blancos normalmente producen el efecto de hacer que las habitaciones parezcan más ligeras y espaciosas.

▷ Suntuosa y brillante
Para conseguir un efecto de color total, se utilizan papeles estampados con flores en miniatura. Fijémonos en cómo predomina el fondo azul: una base coloreada tiende a dar unidad al mobiliario, recogiendo en torno suyo las paredes.

Colores en armonía

Los verdes, azules y malvas combinan bien. Los rosas, melocotón y albaricoque son también unas combinaciones de mucho éxito. Cuando combinamos colores como éstos, que están muy próximos los unos a los otros en la rueda de color, podemos estar seguros de crear armoniosas combinaciones de color.

El grado de armonía depende de hasta qué punto estén relacionados los colores. La rueda de color que aparece en la página 13 está dividida en 12 secciones, pero podría haber sido dividida en muchas más, con diferencias sutiles de color.

Si en la rueda de color escoge cualquier grupo de colores que estén cerca unos de otros —aunque no necesariamente contiguos—, todos juntos crearán una cálida armonía. El camino más obvio para dividir los colores es crear grupos cálidos y fríos. Los rosas, los rojos y los amarillos, por ejemplo, se hallan todos en el lado cálido de la rueda. Los azules, verdes y malvas, por el contrario, están en el lado frío. La armonía de los colores produce una atmósfera acogedora, tanto en una habitación pequeña como en una grande. Por otra parte, una cuidada combinación de colores fríos puede dar sensación de espacio.

TONOS TEMPLADOS

Podemos conseguir también armonizaciones de mucho éxito mezclando colores que enlacen las partes fría y cálida de la rueda de color. Son conocidas como combinaciones de colores templados. El naranja, amarillo y verde, por ejemplo, forman una combinación cálido-templada de color combinando dos colores cálidos —amarillo y naranja— con un toque frío —verde—. El rojo y el rosa, junto al malva, producen otra armonía cálido-templada con colores claramente opuestos en la gama.

El amarillo, utilizado con el verde y el azul; o el azul y el malva con el rosa, son ambas combinaciones frías-templadas de color en las que los colores fríos se templan con otro color del lado cálido de la rueda. Así, si nuestro punto de partida es el azul, quizá en una moqueta o en las paredes, y deseamos conseguir una combinación armoniosa, podemos movernos en cualquiera de las direcciones de la rueda de color, hacia un amarillo luminoso o un rosa cálido para crear un ambiente acogedor.

La armonía es incluso más fácil de conseguir utilizando tonos y matices de un solo color. Pensemos en los cientos de tonos que tiene un color. Sin embargo, esta clase de esquema cromático a menudo está falto de vida, de modo que añadiendo pequeños toques de colores acentuados o más contrastados, y variando las texturas podremos hacer el conjunto más interesante.

Armonía natural
Las armonizaciones cálidas y frías se encuentran en la naturaleza —amarillos, naranjas, rojizos, ocres, rojos y rosas—. O bien azul suave, lila, malva, verdes y púrpuras.

ARMONÍAS CÁLIDAS

La utilización de armonizaciones a base de colores cálidos siempre provoca que una habitación parezca acogedora y confortable. La gama cálida de colores se extiende desde el escarlata, a través de los naranjas, hasta el amarillo, e incluye los rosas, melocotón, ciruela y ocres. Cuanto más cerca esté un color del rojo —el más cálido y vibrante de esta gama— más intenso será dicho color. Estas versiones intensas de los colores cálidos son muy vivaces, y necesitan ser cuidadosamente controladas, de otra forma sería muy difícil convivir con ellas.

Así, si queremos evitar una combinación de colores fatigosa, escojamos una combinación bien armonizada. Tomemos colores que estén muy próximos entre sí en la rueda de color, combinemos colores puros con otros tonos más claros y más oscuros.

Es preciso recordar que la fuerza de un color varía. La suntuosidad del otoño puede encontrarse en las versiones más oscuras de los naranjas y los rojos. Sus equivalentes en tonos pastel son más suaves y frescos, y probablemente más convenientes a la hora de entonar una pequeña habitación fría, sin que quede sobrecargada.

En esta sala de estar las paredes albaricoque, la tapicería de terciopelo color rosa tostado y la pantalla color melocotón dan a la estancia una atmósfera cálida y confortable. Con unos techos tan altos hubiera podido fácilmente resultar demasiado austera y fría.

△ **Cálida y acogedora**
La cálida armonía de colores en esta gran sala de estar se complementa a la perfección con el suntuoso dorado del marco del espejo y la mesa de madera y la chimenea.

◁ **Naranjas y limones**

El amarillo es un color templado
especialmente útil. Puede ser un
amarillo intensamente luminoso
con una pizca de anaranjado, o
bien un limón más frío, cercano
al verde. Se deja influenciar
fácilmente por otros colores.

El amarillo cálido de esta
habitación se atempera mediante
el albaricoque y el verde suave
de la tapicería y los estores.

◁ **Rosas cálidos, lilas fríos**

Los rosas de la gama cálida se
han enfriado mediante un lila
gris en este esquema de
colores. El cálido rosa del
conjunto se mezcla con otro
muy vivo en el tejido de la
tapicería y el estor. Las paredes
lila y el rosa pálido de la silla
de mimbre pintada combinan
con la moqueta lila grisáceo y
la mesita gris.

33

ARMONÍA FRÍA

El azul marino y el verde hierba forman un armónico esquema cromático hecho en el cielo. Casi cualquier matiz de azul va con los diferentes verdes. Los azules claros con el esmeralda, los verdes suaves con los turquesa, el malva con el verde oscuro.

Utilizando diferentes cantidades de diversos colores y mediante el uso de distintas intensidades, se crean armonías frías de color muy interesantes.

En el alegre y luminoso dormitorio que vemos en esta página, por ejemplo, una combinación de azules y verde pálido produce una atmósfera serena y relajada muy agradable a la hora del despertar.

El pálido verde musgo y el gris lila de la moqueta atenúan el frío vivo del conjunto del esquema cromático.

En una combinación predominantemente azul, parece natural añadir un poco de verde, que es un color frío bastante próximo al primero en la rueda de color, para hacer más luminoso el efecto de conjunto.

FRÍOS TEMPLADOS

Con frecuencia resulta una buena idea introducir un toque de calor en los tonos fríos. En una combinación de color dominada por el malva, utilizando un rosa intenso, un color cálido próximo al malva en la rueda de color, conservaremos el efecto de armonía y añadiremos calor e interés al conjunto.

De forma similar, un color cálido como el beige arena, al lado del último verde de la gama fría, pudiera ser incluido en un cojín o en la tela de las cortinas, para dar calor a una combinación que, de otro modo, quedaría fría.

△ **Compañeros fríos**
En este dormitorio rebosante de luz natural y calidez, una combinación de azul suave, verde menta y gris lila consigue una atmósfera muy fresca.

◁ **Alternativas frías**

Colores del otro lado de la gama fría, como los azules y los verdes, se combinan aquí con un suave amarillo arena. La frialdad de los azules y de los verdes está equilibrada. Aunque el verde se da en extensiones más pequeñas, es más intenso. El elemento de calor del beige amarillento atempera una combinación de color que de otro modo sería muy fría y aporta ligereza a la habitación.

◁ **Grises y rosas**

En esta pieza una armonía fría de gris azulado y lila, se combina con un rosa intenso.

Las paredes bajo el friso están pintadas en un lila muy delicado. Encima del mismo, un rosa suave se distribuye sobre el blanco. Las cortinas y el mantel coordinados mezclan una ancha franja gris azulada y manchas de un rosa vivo, que se refleja en las hortensias del exterior.

El blanco se utiliza para aportar luz y frescura al conjunto.

ARMONÍA EN UN SOLO COLOR

Combinar tonos de un sólo color es un camino alternativo para crear una combinación de color armoniosa. Sea cual fuere el color que escojamos, tendrá una gama amplia de tonos y matices desde el más pálido y fresco hasta el más oscuro. Una relajante combinación de verdes, por ejemplo, puede incluir un jade claro y un verde oscuro.

Es importante escoger tonos de todas las partes de la gama, de forma que el esquema de color funcione bien. La utilización de una selección de tonos situados en los límites oscuro y claro de la gama, provoca que el conjunto parezca descoyuntado, al no haber tonos medios.

Una vez que hemos decidido el color, resulta bastante simple poner en marcha una sencilla combinación de color, pero también resulta fácil para estas combinaciones volverse monótonas. Para evitar terminar creando una habitación sosa y sin vida, conviene aportar toques de color, quizá en las vasijas o en los cojines.

Los colores acentuados no necesariamente tienen que ser fuertes. Sin embargo, son más eficaces cuando están escogidos en el lado opuesto de la rueda de color —rojo o naranja con verde, quizás, o azul con amarillo—. Sin embargo, es preciso tener cuidado con no quebrar la armonía cromática del conjunto al utilizarlos demasiado.

△ *Frío y sedante*
Una sencilla combinación de matices de jade con blancos crea una monótona pero relajada atmósfera en este luminoso cuarto de estar.

▽ *Toques fuertes*
Unos toques de amarillo brillante, en la pantalla de la lámpara, los cojines y las vasijas, bastan para aportar vida al conjunto.

Decorar con colores fuertes

La mayoría de las combinaciones de color mejoran con el añadido de colores vivos, que aportan los toques finales de color que pueden conseguir que una habitación cobre alegría, terminando de completar un esquema cromático. Estos colores recaen por lo común en los accesorios de la decoración, tales como las pantallas de las lámparas, los cojines, los marcos de los cuadros, las toallas en los baños, jabones, los faldones de las mesas, las velas y candelabros, las flores o los estores y persianas. Acertar con este tipo de colores vivos resulta sencillo si se entienden bien unas cuantas reglas.

CÓMO UTILIZAR COLORES FUERTES

La energía que transmita un color vivo depende del fondo con el que combine. Si el esquema cromático está dominado por un amarillo arenoso cálido, el color vivo puede proceder del lado frío de la rueda de color —azules o verdes, quizás— para presentar un contraste enérgico. Los tonos rojos o rosas —casi opuestos al amarillo en la rueda de color— serían más chocantes.

Los colores vivos no necesitan ser muy contrastados para tener éxito. Añadir colores vivos muy relacionados con el color básico del esquema cromático, produce un efecto armonioso y relajado, pudiendo ser utilizado para subrayar tonos individuales.

No renuncie a utilizar colores acentuados si hay un estampado en la habitación. Uno de los colores de los estampados puede ser seleccionado como color acentuado del esquema decorativo y aportar así una conexión visual entre los distintos elementos. Un papel pintado con motivos florales en un color pastel, en rosas y verdes, con un sencillo sofá a rayas en un tono verde, por ejemplo, podría verse perfectamente complementado con unos cuantos puntos de contraste, en un tono más intenso del mismo verde.

Conviene evitar el mismo color acentuado en demasiados lugares, o demasiados colores fuertes en la misma habitación. En una sala de estar limitemos los colores acentuados a tres o cuatro objetos: los cojines, la pantalla de la lámpara o el marco de un cuadro, que pueden ser cambiados fácilmente.

COMBINACIONES DE COLORES NEUTROS

Los colores de contraste cobran una importancia especial en esquemas monocromáticos o a base de colores neutros, que con cierta facilidad pueden llegar a resultar apagados. Si tapamos los llamativos rosas de contraste en la foto de esta página, veremos cómo el equilibrado esquema neutro a base de grises y blancos pierde impacto.

Los esquemas cromáticos a base de colores neutros aportan un fondo idóneo para combinar distintos colores acentuados de forma armoniosa o muy contrastada, según el efecto que queramos crear.

La fuerza del color
Este esquema de color, fuerte y liso, necesita destellos de un color potente, como este rosa vivo y brillante, que le da vida.

CÓMO ESCOGER LOS COLORES FUERTES

Observe cuidadosamente todos los elementos de la habitación antes de decidir los colores acentuados. Las telas de las tapicerías, los cuadros, grabados o las porcelanas forman parte del esquema cromático y a menudo sirven de inspiración. Los colores de contraste se sustituyen con facilidad y de ese modo, una combinación de color familiar puede adoptar con rapidez un estilo nuevo y fresco con una gama renovada de colores de contraste.

▷ *Renovación rápida*

Cambiar el mantel de una mesa es un camino muy fácil para incorporar nuevos colores a un comedor. Otro elemento que ofrecería alternativas sería el color azul o blanco de las velas.

▽ ***Una combinación perfecta***

En este salón se combinan cuadros, listas y miniestampados. El amarillo fuerte de la pantalla actúa como un color acentuado, enlazando con todos los estampados.

△ Inspirado por un cuadro

Los colores de contraste utilizados para los cojines en esta sala de estar están tomados del cuadro de la pared de la izquierda. Las paredes color crema y los muebles aportan un fondo neutro que puede, por consiguiente, tomar más colores de contraste que los que soportaría una habitación pintada de otro color menos neutro. Se han utilizado cinco colores de contraste: rosa, rojo, verde, amarillo y azul. Otro más y el efecto sería como de lunares. Las vasijas azul intenso sobre la repisa de la chimenea reflejan tonos del cuadro que hay sobre la misma.

▷ Azul y blanco

En este dormitorio, el blanco ha sido tomado del cuadro de la pared y utilizado como color acentuado en las lámparas adosadas, el rodapié y en la chimenea de estilo tradicional. Proporciona un contraste fuerte y claro frente al frío azul del esquema cromático.

Otro modo de distribuir los colores de contraste consiste en aprovechar elementos de arquitectura interior, tales como cornisas, zócalos, rosetones, molduras de puertas o chimeneas.

ARMONÍA Y CONTRASTES

Combinar colores de contraste puede tener efectos diferentes en un esquema cromático, desde el más fuerte impacto provocado al unir colores opuestos en la rueda de color —al utilizar en una habitación, por ejemplo, un rojo brillante dentro de un esquema cromático en verdes— hasta combinaciones sutiles en tonos pastel.

Son más fáciles de utilizar las combinaciones armoniosas de colores acentuados. Los colores del esquema cromático están próximos en la rueda de color, pero pueden ser más oscuros o más claros en función del efecto que queramos conseguir.

△ Contraste cálido
El intenso rojo profundo de los motivos florales de la tela de la cortina ha sido escogido como un fuerte color de contraste en los fondos de los cuadros, la pantalla de la lámpara y los cojines en esta sala de estar amarillo cálido.

▷ Contrastes agudos
Los esquemas cromáticos neutros pueden aceptar como contraste casi cualquier otro color. El gris oscuro y el blanco suponen un excelente fondo en esta cocina para los contrastes a base de un amarillo primario fuerte.

△ Armonía fría

Podemos añadir intensidad a un esquema cromático armonioso, sin alterar su equilibrio, mediante la utilización de tonos más fuertes o más suaves de los mismos colores, o de otros muy similares. En esta sala de estar azul y verde, la pantalla en jade realza los tonos más delicados del jaspeado de la pared y la tela del sofá.

▷ Colores rústicos

El esquema cromático de este salón está basado en los colores del motivo floral de la tela de la tapicería: verde musgo suave, beige y azul pálido. Las mesitas bajas están pintadas en un matiz más intenso de azul para añadir interés sin destruir el equilibrio. Un verde profundo también sería una buena alternativa para contrastar.

COMBINACIONES DE COLORES ACENTUADOS Y NEUTROS

Los colores neutros incluyen la gama de tonos que van desde el blanco hasta el negro, así como beiges, marrones, cremas y ocres. Los esquemas a base de colores neutros pueden resultar apagados sin la presencia de colores de contraste. Sin embargo, casi todos los colores pueden ser utilizados como colores de contraste. En este esquema beige han sido incorporados distintos colores de contraste, fuertes algunos, y armoniosos otros.

△ Las delgadas líneas negras del marco del cuadro, los pies de las lámparas y el adorno de la colcha y el cojín funcionan muy bien como fuerte color acentuado neutro en este suave esquema de color.

△ Un conjunto de dibujos enmarcados en terracota oscuro destacan contra la pared pintada en crema jaspeado, con las pantallas y los ribetes de los cojines haciendo juego y añadiendo un toque cálido.

△ Un esquema de color neutro necesita de una gama de texturas y colores acentuados para ganar interés visual. Unos toques de color brillante, como por ejemplo el amarillo, dan vida al conjunto.

Esquemas cromáticos contrastados

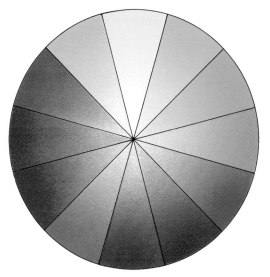

Los esquemas cromáticos contrastados, en tonos brillantes o en tonos pastel, tienen una cosa en común: sus colores principales están en lados opuestos en la rueda de color.

Con el rojo como color principal, cualquier color, desde el índigo hasta el amarillo ocre, puede ser utilizado como color de contraste. Con un verde hoja como color base puede utilizarse cualquier matiz de anaranjado, rojo, rosa o violeta. Los valores tonales son importantes desde el momento en que los dos colores principales deben ser equilibrados de modo bastante uniforme. Cuanto menos intensos sean los tonos que escojamos, más fácil resultará de hacer el esquema. Tanto los tonos pastel como los apagados, incluso cuando contrastan, al final resultan armoniosos.

El equilibrio es importante. No debemos utilizar dos colores en cantidades iguales, de forma que pudieran «intensificarse» el uno al otro. Por otra parte, conviene evitar el efecto irregular creado al limitarse a puntear el color complementario a lo largo y ancho del esquema. Al mismo tiempo, usar sólo dos colores puede resultar sombrío, por lo que es recomendable utilizar algún otro para actuar como fondo y como colores acentuados y dar así a la habitación un cierto porte. Pueden hacer más vibrantes los colores principales o, por el contrario, atenuarlos.

△ **La rueda graduada de color** *muestra todos los matices, desde los tonos oscuros a los pasteles claros.*

▽ **Contrastes valientes**
Las paredes en un fuerte verde hierba contrastan con unos estores venecianos rojo-anaranjados de peso equivalente. La alfombra beige, anaranjada y verde aporta un equilibrio perfecto.

◁ Claramente contrastado

El color principal —amarillo— contrasta al modo clásico con el azul cielo claro. El amarillo se hace presente con dos matices: un amarillo narciso claro en la mesa y el zócalo y un tono intenso de color botón dorado en la tetera, la taza y el platillo. La pared beige-crema y la moqueta azul-beige coordinan todos los colores.

▽ Armonía o contraste

El amarillo pastel de las paredes insertado en los paneles crema actúa como principal color en esta elegante habitación. Un azul cerámico claro en el biombo, las faldas de las mesas y los cojines, actúa como contraste. La moqueta gris crema y las tapicerías constituyen el fondo, con ribetes amarillos y lazos como contrastes. La luz penetra en la habitación desde la ventana de modo que los dos sofás parecen de colores distintos por el modo en que incide sobre ellos. La mezcla de colores pastel, aunque estrictamente complementaria, resulta armónica porque los tonos son muy claros.

LA IMPORTANCIA DE LOS TONOS

Es importante mirar a los colores en la habitación donde van a ser utilizados, porque la diferente luz puede afectar a la coloración de forma muy considerable.

Si queremos utilizar un color fuerte en las paredes, vale la pena comprar un bote pequeño de pintura y pintar un cartón grande. Mantengámoslo contra la pared durante unos días para observar el efecto bajo diferentes condiciones de luz en la habitación. Los colores vivos tienden a aparecer incluso más fuertes en una superficie grande, mientras que en una habitación pequeña el color se refleja de una pared a otra, lo que intensifica el efecto. Dejemos una contra otra las muestras de color tanto tiempo como nos parezca oportuno, no contra un color blanco o neutro; y no pongamos juntos más de tres colores fuertes. Por otra parte, si hemos usado tonos apagados o pastel, podemos combinar cualquier cantidad de colores. Podemos utilizar muestras —en moqueta, por ejemplo— para enlazar el color principal con los complementarios.

▷ Contrastes clásicos

Las habitaciones oscuras con poca luz pueden
cobrar unos colores más intensos en un
esquema de color contrastado, porque se
vuelven más apagados. En este dormitorio, un
amarillo muy fuerte —que aún puede
resultar más dominante en una habitación
más pequeña— se utiliza para aportar
contraste cromático contra un dominante azul
medio. El estarcido de azul más oscuro en la
pared y en los volantes del edredón, con los
blancos de la pantalla de la lámpara y los
volantes del dosel, actúan como colores de
contraste. En el suelo, los tonos de la alfombra
combinan bien con todos los de la habitación,
actuando la moqueta color café como fondo
neutro.

▽ Gamas de color

Una gama de fichas pintadas en azul y
amarillo muestran lo bien que funcionan
juntos estos dos colores opuestos en los
esquemas de contraste de color.

△ Contraste geométrico

Las paredes verde turquesa y el tono más oscuro de la moqueta forman un envolvente color principal, contrastado por bloques angulosos de color rosa. Un tono más oscuro de rosa destaca en los elementos de carpintería. La sutil iluminación indirecta oculta tras el cabecero, produce un curioso efecto de luz y sombra en la pared. La ropa de cama en los más pálidos rosa pastel aporta un relajante color neutro.

◁ Contraste a tres colores

Estas tres masas de color, con pesos casi equivalentes, conforman un moderno diseño muy interesante en un estilo de rincón de comedor de un café. Mientras que el amarillo y el turquesa tienen aproximadamente el mismo valor tonal, el intenso tono rojizo del suelo es mucho más oscuro.

El mismo rojo, utilizado junto a un azul marino suave, sirve como color de contraste en la cenefa de la pared. El neutro negro brillante de la mesa y las sillas hace que los colores aparezcan más vivos.

TABLA DE COLORES DE CONTRASTE

COLOR	CONTRASTE	ACENTUADOS	NEUTROS
ROJO Escarlata Terracota	Esmeralda · Hiedra oscuro Gris naval · Azul brillante	Tostado/ Arena Amarillo de Nápoles/ Rosa oscuro	Crema/ Blanco Marfil/ Beige
VERDE Verde azulado oscuro Verde limón	Melocotón · Rosa oscuro Azul oscuro	Verde claro/ Turquesa Púrpura/ Lila	Ostra/ Blanco Plata/ Blanco
AMARILLO	Azul medio	Verde	Blanco amarillento/ Verde grisáceo
AZUL	Naranja tostado	Escarlata	Blanco azulado/ Gris
ROSA	Turquesa	Verde azulado profundo	Magnolia/ Azul grisáceo

LA IDEA LUMINOSA

Cómo elaborar un esquema

Podemos elaborar un esquema de color muy interesante a partir de los clásicos colores incluidos en la rueda.

Calquemos el diagrama de la derecha y reproduzcámoslo sobre una cartulina gruesa (o bien, utilicemos papel carbón para marcar el diagrama sobre una hoja de papel puesta debajo). Recortemos los segmentos sombreados y clavemos la marca central del círculo sobre la rueda de color impresa sobre la página 43.

El segmento triangular representa el color principal. Giremos el círculo sobre la rueda, dependiendo de cuál sea el color en el que hayamos pensado como color principal. Cualquiera de los colores que aparezcan por la rejilla semicircular puede ser utilizado como contraste.

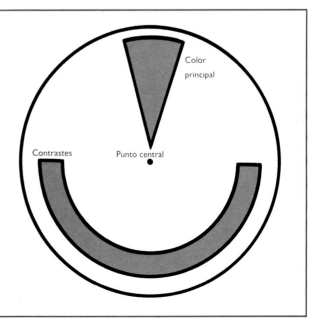

EXPERIMENTAR CON EL COLOR

Si no estamos totalmente seguros en materia de color, a veces es una buena idea experimentar con esquemas cromáticos en una habitación más pequeña, o mediante la utilización de pintura, que en ellas no resulta cara y es fácil de cambiar si los resultados no nos hacen felices del todo.

Un cuarto de baño —que con frecuencia están decorados sin mucha gracia— suele ser un buen lugar para comenzar. Podemos dar con un esquema cromático que nos guste, pero si ello no es así, las paredes pueden ser repintadas rápidamente. Conviene utilizar tonos más claros o más apagados. No olvidemos incluir colores neutros relajados y uno o dos puntos de color vivo para obtener un efecto completo.

Este tipo de experimentación ayuda a reforzar nuestra confianza y nos capacita para crear más adelante un esquema cromático realmente atractivo en alguna de las habitaciones importantes de nuestra casa.

△ *Inspirado en el acebo*
El clásico contraste entre el rojo y el verde, utilizado aquí en medios tonos, da a este cuarto de baño un aspecto alegre. Los blancos neutros en el techo y las vigas pintadas aportan claridad y brillo.

▽ *Variaciones sobre un tema*
Este cuarto de baño con paredes de color caramelo, contrastado por una bañera de color lila, aporta una variación interesante del tema azul y amarillo. El lavabo y las baldosas gris verdoso ponen el contraste cromático, con el blanco como fondo neutro.

△ *Cuarto de baño cálido*
Las paredes de terracota intenso transmiten una cálida luminosidad, que contrasta con la bañera, de un vibrante azul. Los relucientes accesorios de latón actúan como elemento de contraste y el techo blanco ilumina el conjunto de la habitación.

APLICACIONES
PRÁCTICAS DEL COLOR

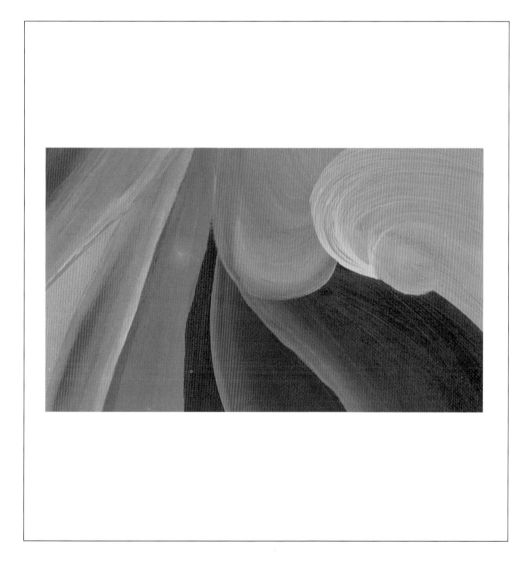

«Un ambiente opresivo logrará
convertirse en un espacio abierto al
imprimirle una imaginativa sinfonía
de color a aquellos elementos que
aparecen en él»

«El juego cromático le permitirá
transformar la decoración anodina
de una estancia en un ambiente
cálido y sugerente»

Elementos cromáticos

Conocer las leyes que rigen la combinación acertada de formas y colores es fundamental a la hora de decorar una casa, ya que permite destacar los elementos que queremos resaltar o, por el contrario, disimular los que menos interesa tener en primer plano.

Este libro es una guía práctica para la combinación de la forma y el color. A través de explicaciones sencillas enseña a combinar texturas, superficies estampadas con lisas, texturas gruesas y finas o estampados entre sí.

Su lectura enseñará cuáles son las telas, tapicerías y empapelados que más armonizan entre sí y permitirá adquirir los conocimientos suficientes como para dar rienda suelta a la creatividad sin el riesgo de cometer errores. Es, sin duda, una rica fuente de ideas indispensable para todo el que quiera desarrollar su propio estilo decorativo.

La elección del tono adecuado en los colores de su decoración puede contribuir a transformar la sensación de un espacio cerrado en abierto.

Cómo comprender los tonos

Básicamente, el tono describe la luz y la oscuridad de un color. Técnicamente, el tono de un color puede verse afectado por dos cosas: la *intensidad* o cantidad de color, y el *valor*, que es la suma de blanco o de negro que contiene. La combinación de intensidad y valor produce el *tono*.

Si nos gustan los matices apagados o pastel, los colores cálidos o los contrastes brillantes, comprender los tonos ayuda mucho a la hora de tomar decisiones en materia de colores.

También nos ayuda a crear un esquema bien equilibrado que no resulta ni demasiado suave ni aburrido.

Un esquema basado todo él en un color, puede ser visualmente interesante a través del uso de varios tonos distintos de ese color, desde el más pálido pastel hasta un tono realmente intenso. Por otra parte, una habitación con muchos colores, llena de estampados —hasta el punto de dar la sensación de poder terminar en un batiburrillo— puede finalmente salvarse si los colo-

res están muy próximos en tono. Y cuando evaluemos el conjunto de la mezcla tonal, no debemos olvidar tener en cuenta cualquier pieza de carpintería que haya.

A la hora de utilizar con éxito los tonos, ayuda mucho poder reconocer tonos similares en colores diferentes, algo que ya habremos hecho subconscientemente. Desde el momento en que entendemos las intensidades y valores tonales, y cómo combinarlas, podemos crear esquemas cromáticos de habitación, que resulten interesantes y vivos, a la vez que satisfactoriamente equilibrados.

Cómo funcionan los tonos. Con frecuencia resulta difícil darse cuenta de las relaciones tonales de unos colores que parecen los de una fotografía coloreada. Sin embargo, en una fotografía o una película en blanco y negro, en la que los colores se convierten en matices de gris, éstas resultan mucho más obvias. Las dos fotografías de la misma habitación que vemos en la parte inferior —la primera en color, la segunda en blanco y negro— muestran con claridad los distintos valores tonales.

◁ *Cómo equilibrar los tonos*
El alegre edredón a cuadros de colores combina armoniosamente porque muchos de los cuadros tienen aproximadamente el mismo valor tonal. Sólo son diferentes el azul más oscuro y el blanco. Viendo la fotografía en blanco y negro nos damos cuenta de cómo los tonos más oscuros de azul enlazan tonalmente con la chimenea y de que sin los cuadros blancos el efecto de conjunto resultaría bastante apagado y sin vida.

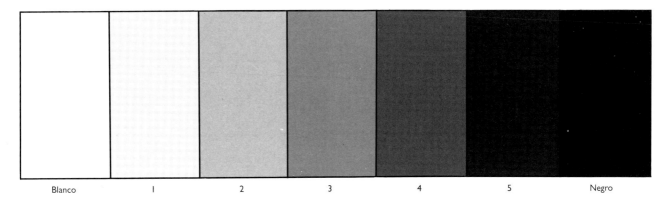

| Blanco | 1 | 2 | 3 | 4 | 5 | Negro |

ESCALA DE TONOS

El esquema superior muestra siete gradaciones de tono que van desde el blanco al negro puro. Los tonos se disponen desde muy luminoso, pasando por el semiluminoso, bastante luminoso, tono medio, bastante oscuro o muy oscuro. Ésta es una escala tonal simplificada y es una de las que mejor distingue el ojo humano. El ojo puede percibir con rapidez unas cinco gradaciones de diferentes colores.

Abajo se muestra una clasificación de matices en progresión desde el más claro al más oscuro. Al comparar los colores situados en la misma línea horizontal de la página se puede comprobar que los tres tienen aproximadamente el mismo valor tonal e intensidad.

CÓMO COMPROBAR LOS TONOS

Para evaluar los tonos utilizados en el diseño de la tela que piensa usar, debe intentar hacer lo siguiente:

☐ En primer lugar, acercar todo lo que pueda el tono al color de la tela.
☐ Después, córtelo y póngalo sobre un fondo sin blanco semejante a una envoltura gris con brillo.
☐ Mire con los ojos fijamente el color, moviéndolo en varias direcciones.

☐ Fije los ojos de nuevo; si los colores parecen mezclados, es que tienen un tono bastante similar. Si ocurre lo contrario, es que los colores son de tonos diferentes.
☐ Con estos conocimientos, podrá tomar decisiones más efectivas cuando elija las sombras y los tonos de cualquier color que quisiera acompañar en su decoración creando el máximo efecto.

Trabajando con telas

Cuando aprendemos a catalogar los diferentes tonos debemos empezar con la pintura de la habitación de un piso donde no nos distraigan ni la luz ni las sombras.

En la fotografia de esta página hay un diseño de William Morris con una buena definición, un fuerte dibujo con marcados colores y tonos.

En torno a la muestra de tela elegida se han agrupado las correspondientes a la misma en tonalidades oscuras y claras. Los dos colores principales — rojo y verde— comparten el registro tonal.

Las diferencias en la gama tonal se muestran bien en la fotografia de blanco y negro. Observar cómo las gamas extremas —el tono más luminoso y el más oscuro— están usados moderadamente y hechos como pinceladas.

POCOS COLORES / MUCHOS TONOS

Los esquemas cromáticos de habitación a un solo color (monocromos) no necesariamente resultan apagados. Pueden hacerse visualmente efectivos trabajando con una gama de matices desde el muy pálido al muy intenso, recorriendo toda la gama tonal.

Sombras. Cuando evaluemos la gama tonal no olvidemos tener en cuenta zonas de sombra permanente, tales como los pliegues de las telas o la sombra proyectada por un armario grande. Las sombras, obviamente, oscurecen el tono de cualquier color, añadiendo una dimensión extra a la gama tonal.

▷ Esquemas en un solo color
A pesar de contar básicamente con un solo color, esta habitación funciona bien por su amplia variedad de tonos. Aquí, el brillo intenso del lazo que cuelga de la cama eleva el conjunto del esquema y crea un interés visual inmediato. Los cojines de encaje sobre la cama y los elementos pintados de blanco señalan el otro extremo de la gama tonal.

◁ Bruma marina
Una amplia gama de tonos verde mar se unen para crear una atmósfera variada aunque relajada.

▽ *La fotografía en blanco y negro de la escena de la izquierda indica con claridad la gama de tonos, y cómo las zonas de sombra creadas por las telas añaden movimiento y variedad al conjunto del esquema cromático. La escala tonal muestra que están incluidos todos los tonos excepto el negro.*

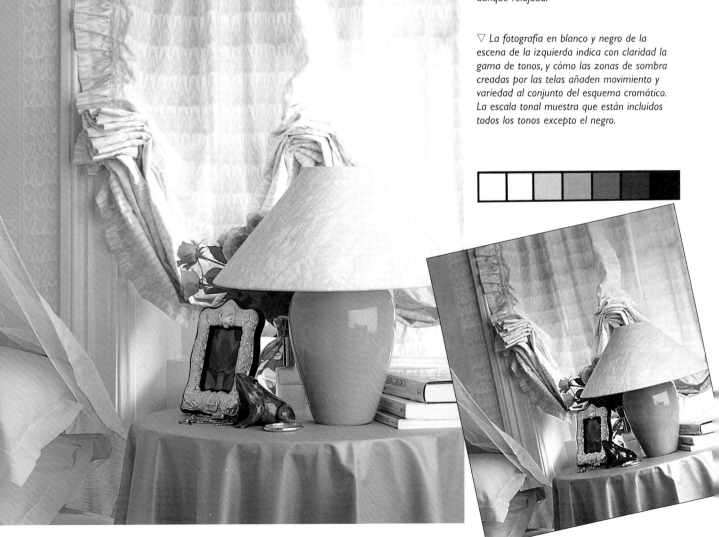

MUCHOS COLORES / POCOS TONOS

Si hacemos un esquema para una habita-ción que combine demasiados colores, podemos transmitir una sensación excesi-vamente bulliciosa y agobiada. Pero si la mayoría de los colores están cerca en la escala tonal, podremos unificar y suavizar el conjunto del esquema cromático.

▷ Esquemas multicolores

Este estudio está decorado íntegramente a base de intensos tonos medios y oscuros, con preponderancia del terracota, los azules y los verdes. Vemos dos tipos de estampado en los papeles pintados y una cenefa, también de papel, además de varias telas, asimismo estampadas. Incluso la lámpara y la pantalla tienen los mismos colores intensos, así como los diferentes cojines, que inclinan esta habitación definitivamente hacia los colores acentuados.

La razón de que funcione como un esquema coherente y armonioso, en vez de convertirse en una especie de batiburrillo, está en que, aparte de la silueta blanca de los estampados cachemira, los colores se encuentran incluidos dentro de una estrecha gama tonal, como puede comprobarse en la foto en blanco y negro del rincón.

▷ Calidez y luminosidad

Aunque de un color bastante diferente, la pantalla básicamente rojiza, combina de forma armoniosa con el fondo de cortinas en tela predominantemente verde, porque como puede comprobarse en la foto en blanco y negro, su valor tonal es en lo esencial el mismo. Por la tarde, la luz artificial también juega su parte en la modificación del contraste tonal, profundizando las sombras y elevando la luminosidad de los tonos más pálidos.

CÓMO EVITAR LAS TRAMPAS TONALES

En ocasiones podemos encontrar la causa de que los esquemas *no* funcionen, y aprender así a evitar los escollos más obvios. En los dibujos de la columna izquierda se muestran tres tipos comunes de problemas. La columna central muestra el problema en blanco y negro y, finalmente, la columna de la mano derecha nos muestra una forma de corregir el equilibrio tonal. Intentemos ahora imaginar qué colores deberían utilizarse para producir los tonos ilustrados en la tercera columna.

Tengamos siempre en cuenta también la gama tonal de las maderas. Tanto si se trata de un fresno claro, como de un roble medio, una caoba oscura o teñida de negro, afectará al equilibrio tonal del conjunto, al menos tan intensamente como las más obvias diferencias de color.

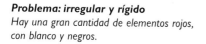

Problema: irregular y rígido
Hay una gran cantidad de elementos rojos, con blanco y negros.

Análisis tonal. *Este esquema aparece virtualmente en blanco y negro, porque los colores intensos son tonalmente muy oscuros.*

Solución. *Añadir un fondo de tono medio, tanto en las paredes como en los suelos, ayuda a enlazar los tonos extremos.*

Problema: demasiado chillón
El esquema incluye varios colores pastel y distintos colores intensos.

Análisis tonal. *Junto a una variedad de colores, hay una amplia gama de tonos desde el más claro hasta el más oscuro.*

Solución. *Para mantener un esquema cromáticamente vivo es conveniente fijar los colores dentro de una estrecha banda de tonos.*

Problema: aburrido y soso
Todos los colores están mecánicamente tomados de la tela estampada del estor.

Análisis tonal
Todo —las paredes, la carpintería, el suelo y las telas—, está en el mismo tono claro.

Solución. *Es preciso procurar que los suelos o las paredes sean ligeramente más claros o más oscuros, e introducir un ligero contraste tonal.*

Color y proporción

La forma en la que utilicemos el color en las seis superficies más importantes de la habitación —las cuatro paredes, el suelo y el techo— puede alterar, bien intensa, o bien sutilmente, las proporciones aparentes de una habitación. Podemos cambiar la percepción de su longitud, su anchura o su altura, simplemente mediante la utilización del color y el tono.

En primer lugar debemos observar con mucha atención la habitación en cuestión. ¿Tiene en general las proporciones adecuadas o, por el contrario deja algo que desear? ¿parece el techo algo alto o demasiado bajo? ¿resulta el recibidor como una especie de túnel largo y oscuro? ¿parece la superficie del suelo más bien pequeña? ¿resulta demasiado grande la habitación en relación con su mobiliario? ¿Hay en ella formas difíciles o sin orden —como un techo inclinado, o un hueco— que rompen el espacio en la habitación y la hacen parecer más cargada?

Un recubrimiento oscuro del suelo define mejor los límites de una habitación, haciendo parecer su superficie más pequeña de lo que es en realidad.

Si la habitación está bien proporcionada, debemos asegurarnos de que utilizamos el color y el tono que potencian estas buenas cualidades. Si la habitación necesita apoyos, toda la gama de colores, desde los tonos claros a los oscuros, se convertirán en los mejores amigos de quien vaya a decorarla.

CARACTERÍSTICAS DE LOS COLORES

Un color puede hacer parecer cualquier superficie más próxima o más lejana, más pequeña o más grande en comparación con otro color distinto. Conocer los efectos visuales de los diferentes colores y tonos nos ayudará a crear el efecto deseado.

Los colores fríos, como el azul verdoso o el azul lila, tienden a hacer retroceder el efecto visual de las paredes, empujándolas ópticamente hacia atrás, haciendo parecer más espaciosa la habitación. Los colores claros producen el mismo tipo de efecto, de modo que utilizando un pálido color frío crearemos la máxima ilusión de espacio. Si añadimos una moqueta pálida, incrementaremos todavía más la sensación de espacio, sobre todo si el rodapié está pintado de un color similar a la moqueta.

Por el contrario, las paredes pintadas en colores cálidos u oscuros parecen más próximas a quien las mira. Las habitaciones grandes y con techos altos pueden parecer demasiado espaciosas y poco acogedoras. Si pintamos sus paredes y techo en tonos relajados y cálidos, crearemos una atmósfera más acogedora y cálida.

◁ *Elevación del techo*
Este esquema está limitado a los beiges, marrones y grises, en tonos sutiles que van desde el oscuro al claro. Muestra claramente cómo un tono puede afectar a la forma y a la atmósfera de una habitación. Un techo y un suelo claros incrementan la percepción de altura, y un tono medio suave da la sensación de atraer ligeramente las paredes. Una cornisa oscura aporta definición añadida.

CÓMO ALTERAR EL ESPACIO CON EL COLOR

En habitaciones de techumbre alta, con pasillos o cuartos muy estrechos, podemos alterar las proporciones del espacio a través del contraste entre los colores oscuros de los suelos y el techo, con las paredes claras. Este recurso produce el efecto de bajar los techos y ampliar la anchura de la habitación. Una habitación larga parece más corta si la pared del fondo está en un color cálido e intenso.

Una habitación con el techo bajo puede parecer opresiva, pero si el techo es mucho más claro que las paredes, puede parecer más alta. Para conseguir el máximo efecto, debemos hacer que las paredes tengan el mismo color hasta el techo, no pintar con él sólo hasta el nivel de las molduras.

A veces las habitaciones están apretujadas en espacios difíciles, en especial en pisos transformados a partir de casas diseñadas más desahogadamente. Los techos inclinados, por ejemplo, pueden hacer que una habitación resulte sobrecargada, pero armonizando las formas difíciles con las paredes, desahogaremos el espacio.

Un hueco puede ser integrado en una habitación, pintándolo en un color cálido u oscuro.

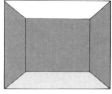

△ **Cómo elevar un techo**

Para hacer que un techo parezca más alto debemos pintarlo en un color más claro que las paredes. En este comedor más bien encajonado, el techo ha sido pintado en blanco brillante, en abierto contraste con las paredes verde oscuro. El techo claro consigue que la habitación parezca más alta de lo que en realidad es, mientras que los tonos oscuros atraen hacia adentro las paredes, creando una atmósfera íntima.

Es muy importante que el color de las paredes sea continuo, hasta la altura del techo. Si, por ejemplo, unos detalles del tipo de unas molduras pintadas se ponen en otro color, rompiendo la unidad cromática de la pared, el efecto pudiera no tener tanto éxito.

▷ **Cómo ganar percepción de espacio**

Éste es el mismo comedor que el reproducido en la parte superior, con los mismos muebles y moqueta, pero parece completamente diferente.

Las paredes y el techo están pintados en suaves colores pastel, un albaricoque claro y un rosa. Se da mucho menos contraste entre el techo y las paredes que en el pintado de verde oscuro. En lugar de parecer más alto, los colores pálidos parecen empujar hacia afuera las paredes haciendo parecer la habitación más grande, más clara y más alegre. Para la cornisa y la moldura pintada se ha escogido un tono ligeramente más oscuro, con el fin de potenciar la definición.

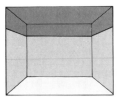

▷ Cómo bajar un techo

Algunas habitaciones tienen techos que resultan demasiado altos para su tamaño. El pintar el techo en un tono que sea un poco más oscuro que el de las paredes, hace parecer más baja la habitación. Este efecto se ve potenciado si el color del techo se aplica también a la moldura.

En esta sala de estar el problema se soluciona pintando el techo de un ocre oscuro. Al utilizar el color del techo para siluetear los paneles de la pared, se ligan las paredes claras con el techo oscuro, equilibrando a la vez un esquema de color que hubiera podido resultar opresivo de otro modo.

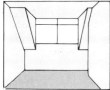

△ Cómo disimular formas difíciles

Áticos como el de la fotografía parecen diminutos en razón de que los techos inclinados suelen crear espacios difíciles. Cuando se decoran resulta difícil saber dónde terminan las paredes y dónde comienzan los techos. El techo siempre parecerá muy bajo si el recubrimiento de las paredes termina donde comienza la inclinación. El mejor enfoque consiste en pintar o empapelar las paredes y el techo en el mismo color, para disimular la forma extraña. Esta habitación está recubierta de un papel con diseños de miniatura que abarca toda la pared.

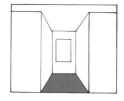

▷ Cómo ensanchar una habitación

Los pasillos, cocinas y pequeños dormitorios individuales suelen ser habitaciones estrechas. Pintadas con colores pálidos aparentan ser más espaciosas.

Los muebles a medida y los apliques, completamente blancos, crean una ilusión de espacio en esta estrecha cocina. La persiana, también blanca, integra la ventana en el conjunto de la pared y cuando está bajada refuerza esta sensación. Los baldosines blancos punteados en rojo brillante añaden interés a esta decoración predominantemente blanca.

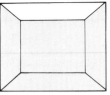

◁ **Cómo agrandar una habitación**

Los colores claros reflejan más luz que los colores oscuros, y los colores fríos provocan un efecto de retroceso. Por ello, una combinación de ambos resulta perfecta para hacer que una habitación pequeña parezca más grande.

En esta pequeña habitación soleada, las paredes, el techo y el suelo están decorados a base de una gama de fríos colores pastel, creando un espacio brillante y ligero. Fijémonos en que no se dan

grandes contrastes entre los colores que rompan el efecto de conjunto. La madera de la ventana y los rodapiés están pintados en un color aguamarina pálido y el suelo de madera está lijado y teñido.

En una habitación sin luz solar, los colores templados, como un amarillo limón pálido, o un gris lila pálido, pueden ser la mejor opción. Una moqueta de color neutro y suave es otra forma de incrementar la ilusión de espacio, especialmente si los rodapiés están pintados en un color parecido. Un tratamiento cuidado de la ventana, como este estor romano, ayuda a conseguir una habitación ordenada y espaciosa.

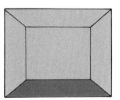

▷ **Cómo hacer acogedora una habitación grande**

Las habitaciones grandes pueden en ocasiones parecer austeras y poco acogedoras, en particular si tienen poco sol. Luego al escoger un tono del lado cálido de la rueda de color, tanto para el techo como para las paredes, creamos un alegre esquema cromático que provoca un efecto ligero de acercamiento de las paredes y de rebaja de la altura del techo, consiguiendo que la habitación resulte más acogedora. La fuerza del tono es tan importante como el color en sí mismo, de modo que conviene utilizar tonos medios para conseguir los mejores resultados. Este dormitorio grande y bien proporcionado está pintado de rosa para crear una atmósfera relajada y confortable. El rosa es lo bastante cálido como para hacer que la habitación parezca acogedora pero no tan fuerte que resulte opresiva.

LA IMPORTANCIA DEL TONO

Resulta difícil percibir las relaciones tonales de los colores cuando vemos fotos en color de habitaciones. Pero los tonos, ya sean claros, medios u oscuros, afectan a la apariencia de una habitación incluso más que los propios colores.

Estos diagramas muestran de un vistazo cómo conseguir una gama de efectos distintos, subrayando los puntos que más nos interesan y disimulando los más conflictivos. Si hacemos un calco de esta página podremos colorear los dibujos para ver cómo resultan los distintos colores y los diferentes tonos.

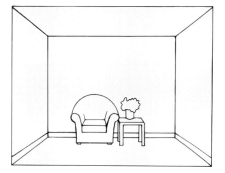

Para hacer que una habitación parezca mayor decoremos a base de tonos claros. Cuanto más claro sea el color más luz se refleja y más grande parece la habitación.

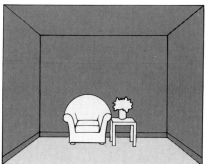

Para hacer que una habitación grande parezca más pequeña y acogedora, utilicemos colores cálidos para que parezca que acercamos las paredes y bajamos el techo.

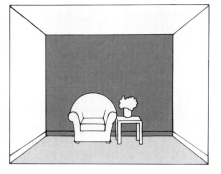

Los colores oscuros y los cálidos transmiten sensación de acercamiento. Una sola pared pintada de oscuro será atraída hacia dentro de la habitación.

Los colores fríos alejan. Una pared pintada en un color claro da la sensación de estar más lejana de lo que en realidad está.

Un recubrimiento de suelo oscuro hace que el suelo parezca más pequeño. También define con más fuerza los límites de la habitación y dirige la mirada hacia abajo.

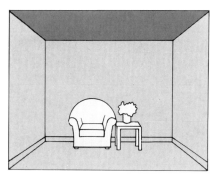

Para bajar un techo usemos un color que sea ligeramente más oscuro que las paredes, pero no tanto que puede llegar a resultar opresivo.

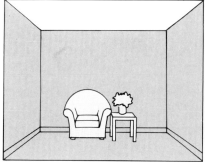

Para elevar un techo utilicemos un color más claro que el de las paredes. Potenciar el efecto pintando las paredes hasta el límite del techo.

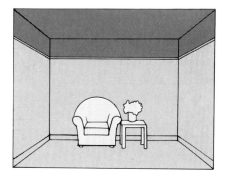

Para bajar un techo en una habitación muy grande pintemos la última sección de las paredes en el mismo color oscuro que el techo.

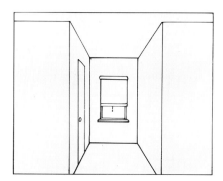

Para ensanchar un pasillo hay que dar un color muy claro en las paredes, techo y suelo. La luz reflejada hará que el espacio parezca menos limitado.

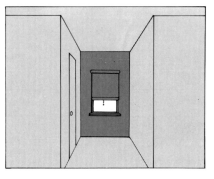

Para acortar un pasillo, o alargar una habitación estrecha, pintemos la pared del fondo en un color oscuro o cálido, para hacerla parecer más cercana.

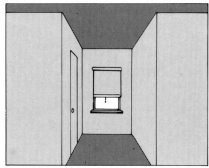

Para cambiar las proporciones de un pasillo, decoremos el techo y el suelo en un color más oscuro que las paredes. El espacio parecerá más ancho y más bajo.

El efecto de la luz sobre los colores

Los diseñadores profesionales de interiores y los expertos en color tienen muy en cuenta la dirección hacia la que se orienta una habitación. Sea norte, sur, este u oeste, establece pautas muy distintas a la hora de elegir un esquema cromático. Por ejemplo, un dormitorio orientado al este y que reciba mucha luz solar a primeras horas de la mañana, parecerá muy diferente después, cuando llegue la noche y sea visto bajo luz artificial. Una habitación orientada hacia el oeste que reciba un resplandor cálido a la caída de la tarde puede parecer apagada por las mañanas. Nuestra elección de color debe tener esto en cuenta.

Como es lógico, no siempre se puede conseguir una apariencia ideal. Los pisos de ciudad con frecuencia no disfrutan de mucha luz natural ni gozan de vistas en todas las direcciones. Una habitación orientada al norte va a recibir menos luz que otra orientada a mediodía o a poniente, pero en cualquier caso, con una iluminación inteligente y un buen esquema cromático de interiores siempre se puede lograr que parezca acogedora y atractiva.

El estilo de la casa puede influir decisivamente en la distribución de la luz disponible en un interior. Una casa de campo puede estar en un lugar insuperablemente soleado, pero si dispone de techos muy bajos y ventanas diminutas su interior resultará oscuro y triste. Las casas modernas, diseñadas de forma abierta, con amplios espacios interiores y grandes ventanas, pueden verse incluso más afectadas por su orientación y por los cambios estacionales. Si tenemos una sala de estar con un patio o un invernadero anexos, utilizados como zona de estar adicional durante el verano, pero nunca durante el invierno, la decoración deberá ser lo bastante flexible como para acomodarse a los cambios.

Algunos interioristas de prestigio recomiendan pintar una habitación de blanco antes de tomar una decisión definitiva. Ésta es una buena forma para observar cómo los cambios en la luz natural afectan a un interior y contribuyen a que hagamos lo mejor posible nuestra opción de esquema cromático. Recientemente, el diseñador de interiores David Hicks ha incluido en su sala de exposición todos los tipos de iluminación doméstica, de modo que sus clientes puedan comprobar el efecto de las diferentes clases de luz artificial sobre moquetas, telas y papeles pintados.

Luz difusa

Una habitación bajo los efectos de la típica luz diurna difusa del norte. Las sombras no son muy marcadas y los pálidos colores neutros dominantes del esquema cromático, con algunos colores acentuados, dan el máximo en esas condiciones de luz. Sin embargo, bajo la luz artificial nocturna, los colores pueden alterarse de forma radical.

MUEBLES A JUEGO

La forma más usual de combinar colores es comparar muestras a la luz del día. Este sistema no nos permite, sin embargo, evaluar el efecto que producirán en una casa bajo condiciones de iluminación artificial. Ver las muestras bajo la luz de la tienda tampoco resulta satisfactorio, porque la mayoría de ellas tienen instalados fluorescentes que imitan la luz diurna. Ninguna de estas dos clases de luz da una idea de la clásica iluminación de tungsteno, habitual en la mayoría de las casas, con su característica luz amarilla. Las moquetas y las telas son especialmente vulnerables a los cambios en la iluminación artificial. Los tejidos sintéticos pueden combinar perfectamente a la luz del día, pero sin embargo chocan bajo los efectos de la luz artificial.

Telas. El efecto de la luz artificial sobre las cortinas se aprecia mejor si plegamos y mantenemos vertical una muestra de un metro de tela. Examinándola a la luz de la pantalla de una lámpara también nos haremos una buena idea.

Pintura. Las paredes acristaladas parecen siempre más oscuras cuando sólo reciben luz reflejada. Los techos siempre parecen más oscuros que las paredes pintadas del mismo color. Si dudamos, podemos utilizar un tono más claro que el de nuestra primera opción. Una vez que están pintadas todas las paredes, tienden a parecer más oscuras que la muestra.

Moquetas. Pongamos horizontalmente muestras sobre el suelo desplazándolas a lo largo de la habitación, para ver cómo afectan al color las diferentes posiciones y condiciones de iluminación.

△▷ **Iluminación diurna y nocturna**
Resulta difícil creer que estas dos fotos sean de la misma habitación. Arriba, la luz natural del día resalta el sutil esquema cromático neutro a base de blancos y grises azulados de este interior moderno. A la derecha, la misma sala de estar vista de noche bajo condiciones de luz artificial. El efecto amarillo proyectado por la iluminación de tungsteno llega a transformar el gris de la tapicería y la moqueta en un amarillo beige, proporcionando a la habitación una sensación de luz homogénea y cálida.

△ **Luz diurna**
Escoger los colores a la luz del día puede funcionar bien en habitaciones de uso primordialmente diurno. Pero ciertas combinaciones de color que funcionan bien en horas diurnas pueden resultar peor de noche.

△ **Fluorescentes**
Algunos fluorescentes de luz corregida pueden ofrecer un efecto parecido al de la luz del día. Otros tipos de fluorescentes transmiten un efecto frío, azulado y algo áspero.

△ **Tungsteno**
Es la iluminación más comúnmente utilizada en el hogar. Potencia los amarillos y los rojos, por lo que los esquemas cromáticos en torno al coral y al albaricoque resultarán mucho más intensos.

△ **Tungsteno-halógeno**
Da una luz mucho más blanca que el tungsteno puro y sin duda potenciaría un esquema cromático gris azulado, al haber menos distorsión cromática.

◁ **Melocotón y coral para aportar calidez**

Las habitaciones orientadas hacia el norte necesitan ser dispuestas de forma acogedora. Aunque determinados amarillos claros pueden dar un matiz verdoso y los rojos brillantes transmiten cierta sensación de claustrofobia, los suaves y apagados tonos coral resultan muy bien con ciertas técnicas de pintura tales como a la esponja, el acanalado o el gotelé. Las cortinas de color albaricoque o melocotón proyectan una luz templada sobre las paredes. Una alfombra china de fondo color coral da calidez al suelo.

▽ **Orientado al sur, neutros fríos**

Un esquema cromático neutro a base de grises azulados fríos funciona bien en esta situación. Las cortinas totalmente blancas en las ventanas difunde y filtra la luz del sol y protege la tapicería y la moqueta de los rayos solares.

△ Azul y frío

Esta habitación parece típicamente mediterránea con su suelo de baldosas y un esquema cromático frío y azul. Las cortinas forradas en azul dan frescor a las paredes. En invierno estas cortinas pueden ser sustituidas por otras aterciopeladas, forradas en color melocotón. Unas fundas en melocotón y beige transformarían el esquema, haciéndolo más cálido y acogedor.

▷ Uso de los neutros en orientaciones al norte

Una persiana semitransparente es una manera inteligente de ganar privacidad sin quitar mucha luz.

Los sofás de piel color castaño claro aportan calidez, mientras que la moqueta beige neutro y los toques de coral de la alfombra de diseño abstracto y del cuadro, también contribuyen a templar este esquema cromático.

△ **Cálido, aunque orientado al norte**
Aunque el verde se considera por lo general un color frío, el pálido verde amarillento de estas paredes combina con éxito con un techo crema y con los rosas apagados de la tapicería.

▽ **Los neutros en orientaciones al sur**
Los tonos pardos lucen menos sombríos en una habitación orientada al sur, porque el componente amarillo de la luz del sol hace resaltar los rojos, que constituyen su base. Las paredes blancas toman un aspecto crema.

Potenciar la luz. Un techo blanco brillante es un maravilloso reflector de luz, pudiendo actuar como un espejo en una habitación oscura y aumentar significativamente la suma de luz disponible. Sin embargo, los techos de pintura brillante no deben tener ninguna gota de pintura, resquebrajadura o bulto, ya que el brillo intenso también subraya las imperfecciones de su superficie.

Cómo trabajar
con estampados

La cantidad de estampados disponibles hoy día en papeles pintados, telas y recubrimientos de suelo es enorme, abarcando desde los motivos geométricos y moteados hasta los florales. La forma de escoger los estampados y cómo utilizarlos puede ser una perspectiva poco tranquilizadora, pero una vez que hayamos comprendido las características de los distintos diseños, la creación de la atmósfera o del estilo que queremos puede resultar más fácil.

Los estampados constituyen un ingrediente esencial en cualquier esquema de habitación. Juegan un papel importante en la creación de un estilo y en dar realce a un esquema cromático, tanto si se utiliza en superficies pequeñas —cojines, cenefas decorativas de papel o baldosines, por ejemplo— o sobre superficies más grandes, como recubrimientos de paredes, techos o suelos.

La fuerza de los estampados no debe ser subestimada. Los diseños hechos en un único y atrevido color resultan más impresionantes y llamativos que una superficie pintada toda ella en el mismo color. De la misma forma, un mismo y delicado color pálido cobra más vida en una superficie estampada.

La escala también es un aspecto importante. Por ejemplo, los dibujos de tamaño grande pueden utilizarse de forma inconveniente sobre las paredes de una habitación pequeña, especialmente si el papel pintado tiene un motivo que se corta en lugares difíciles. Los dibujos pequeños e intensos tienden a resultar agobiantes.

En las siguientes dos páginas los materiales estampados se dividen en ocho categorías diferentes para servir como guía dentro de la inmensa gama de materiales disponibles.

Un solo color
La combinación de todo tipo de estampados parece una iniciativa de alto riesgo, pero relacionar unos con otros mediante la selección de diseños de un mismo color es una buena manera de conseguir una combinación brillante.

Cuadros, rayas y enrejados

Estos estampados constituyen algunos de los más antiguos y llamativos diseños. Hay cientos de variaciones en todos los colores, que pueden ser de estilo tradicional o moderno. Los cuadros pueden ir desde un sencillo ajedrezado en blanco y negro, una guinga o una tela escocesa de cuadros. Sólo un toque de uno de estos sencillos estampados permite contrastar los esquemas cromáticos lisos.

Puntos y manchas

Estos diseños transmiten una sensación muy moderna. Los moteados pueden distribuirse de forma regular o ser impresos al azar, ser grandes o pequeños. Los estampados a manchas imitan el efecto de unas diminutas gotitas de pintura salpicadas y derramadas a lo largo y ancho de la pared. Los colores fuertes pueden ser combinados juntos para crear vibrantes combinaciones.

Motivos florales

Los estampados abarcan desde los diseños orientales de gran tamaño y los chinz tradicionales a los llamativos diseños a la acuarela y los muy simples diseños modernos. Los motivos florales más densos han de ser utilizados en habitaciones grandes, pero los colores suaves y dibujos más relajados combinan en la mayoría de las habitaciones. Resultan bien con colores lisos que realzan los tonos del dibujo.

Abstractos

Una colección de estampados modernos utilizados en papeles pintados y en telas. No tienen motivos reconocibles, tales como flores, plantas o pájaros. En su lugar, están compuestos por formas azarosas, manchas, zigzags a mano alzada, formas derramadas sobre el papel o combinaciones de líneas retorcidas y elegantes torbellinos de color, combinando todo tipo de variaciones cromáticas.

Geométricos

Los dibujos están constituidos por formas tales como triángulos, galones, diamantes y estampados en cuña. Tienen todos los tamaños y combinaciones de color para crear efectos diferentes. Así, podemos conseguir un estilo fresco a la medida mediante el uso de motivos geométricos a juego para la pared y las cortinas de la ventana. Estos dibujos funcionan bien con diseños en miniatura y con motivos florales.

Exótico

Los diseños están basados en estampados tradicionales procedentes de todo el mundo —India, Asia, África, el Pacífico y las Américas—. Los colores intensos y las texturas se combinan en atrevidos estampados, rayas, motivos geométricos y florales, o sencillas imágenes de gente y de animales. Los diseños chinos suelen ir en colores delicados. Los estampados de la India y los africanos son frecuentemente intensos y oscuros.

Miniaturas

Los papeles pintados y las telas están disponibles en una amplia variedad de colores y estampados, incluyendo ramitos de flores, motivos florales y formas geométricas. Pueden tener un aire rústico tradicional, siendo especialmente recomendables en habitaciones pequeñas donde probablemente un papel con estampados grandes resultaría agobiante.

Texturado

Estos diseños se han imprimido para imitar otros materiales, como la veta de madera, y diversas técnicas de pintura, incluido el gotelé, a la esponja, acanalado, envejecido y jaspeado; y distintos tejidos, incluidas las sedas. Estos estampados dan a las grandes superficies lisas, en especial paredes, más interés visual y un aspecto suntuoso, sin resultar abrumador.

△ **Margaritas rosadas**
Un diseño para papel pintado y
tela de margaritas Michaelmas
—un estampado creado a fines
del siglo XIX por el famoso
diseñador inglés William
Morris— da a esta sala de estar
una atmósfera acogedora, sin
resultar agobiante. La moqueta
lisa aporta un fondo neutro para
el conjunto de los estampados,
actuando como color acentuado
el rosa intenso de los cojines.

◁ **Tradición floral**
El pequeño, y más bien
anticuado, diseño floral de los
papeles pintados y los tejidos,
resulta ligero y alegre en este
dormitorio. Los cuidados
bordados dan una atmósfera
tradicional a la habitación.

ESTAMPADOS INTEGRALES

Es difícil imaginar cómo resultará un estampado sobre una extensa
superficie cuando estamos trabajando desde una muestra. Los puntos más importantes a tener en cuenta son los colores del estampado, el tipo de dibujo y su tamaño.

Los dibujos pequeños pueden desaparecer en las paredes de una
habitación grande. Algunos parecerán colores lisos o superficies de
textura gruesa. Por otra parte, un diseño geométrico pequeño causará
un fuerte impacto. Éste pudiera ser exactamente el efecto buscado en
una habitación grande y poco acogedora. Sin embargo, resultaría agobiante en una habitación pequeña.

El tipo de dibujo también afecta al estilo de una habitación. Si
estamos buscando una atmósfera de época, vayamos hacia los motivos florales, las listas Regencia, o los efectos logrados a través de
técnicas de pintura, como el jaspeado. Nunca a través de los cuadros, los moteados o los dibujos geométricos de colores brillantes.

◁ **Todo azul**
Este sencillo esquema cromático
mezcla el azul medio con los
cálidos tonos naturales de la
madera y de la caña. La
habitación es lo bastante grande
y clara como para asimilar el
estampado cachemira de dibujo
grande en las paredes y el techo,
sin transmitir oscuridad o
abigarramiento.

△ **Estampados pastel**

La cama es el elemento más grande del mobiliario de un dormitorio, y por ello la colcha es una parte importante del esquema decorativo, especialmente cuando utilizamos un solo estampado a lo largo de toda la habitación. El efecto puede resultar agobiante con facilidad, si no se planifica con cuidado.

Estos cuadros de gran tamaño en suaves colores pastel —azul, malva, rosa, naranja y amarillo— se usa para coordinar las telas y los papeles pintados. Es un esquema cromático inusual pero refrescante para dormitorios.

▷ **Motas y rayas**

El diseño en miniatura en gris suave con lunares en tonos pastel (derecha) o las exóticas rayas de atrevido colorido, llamadas ikat y basadas en los estampados creados por los indios americanos (izquierda), son dos esquemas cromáticos para dormitorio muy diferentes.

Combinar estampados con lisos

conocida como acanalado aporta profundidad al color, mientras que las técnicas de envejecido y a la esponja permiten introducir dos matices de color complementarios, que pueden ser tomados de los tonos de los estampados de las telas.

Otra posibilidad, por supuesto, es que hayamos escogido un papel pintado con estampados muy marcados y queramos mantenerlo como el elemento dominante de la habitación. En este caso, escojamos dos de los colores principales para las cortinas lisas, hechas a medida y para los estores.

Si no nos sentimos seguros a la hora de combinar y coordinar estampados en telas y papel pintado, la utilización de un diseño que se acompañe de colores puros es la mejor manera de construir un esquema de habitación propio y atractivo. Modificando los tonos de un color, o de dos, o incluso tres colores diferentes tomados del estampado que hayamos escogido, podremos usarlos en el suelo, paredes, tapicerías y cortinas. Las abundantes opciones que se nos abren, nos deja mucho margen para crear ambientes diferentes de acuerdo con nuestra preferencia personal.

Asimismo las texturas pueden ser muy variadas. Un chinz brillante que refleje la luz, o un tweed rugoso y nudoso que la absorba, pueden crear efectos muy diferentes, incluso cuando tengan el mismo color.

Si el estampado está en la tapicería, unas cortinas lisas ribeteadas en otro color del diseño original, resultarán elegantes y sofisticadas. Por otra parte, si son las cortinas las que están en estampado, escojamos para las tapicerías uno de los colores en un material autoestampado, con ribetes y cojines de la misma tela que las cortinas, a modo de contraste.

La pintura de las paredes también pueden cobrar un encanto especial. La técnica

El beige como fondo
Las modernas y llamativas telas de tapicería suponen en sí mismas un planteamiento audaz. Una alfombra de nudo de tweed natural cubre el suelo de madera y las paredes están sutilmente acanaladas en azul pálido y crema para reflejar el colorido de la tapicería. La mesita baja supone un toque inusual, que ha sido tapizada con una tela de dibujos cheurón beige pálido para combinar con los sofás. Las paredes y la mesa en un azul pálido crearían un ambiente mucho más frío en la habitación. Para los colores de contraste acentuado en las flores, se ha escogido el rosa de la tapicería, pero también hubiera podido servir el azul.

CÓMO ESCOGER LOS COLORES

Una buena idea a la hora de decidir qué colores escoger para la decoración de una habitación, consiste en contrastar algunas muestras de pintura con los diferentes colores del estampado. Recortémoslos y observémoslos contra un fondo neutro.

Una tela multicolor nos ofrece una gran variedad de posibilidades para elegir. Primero, los tonos que combinen mejor con los del estampado. Después, toda una gama de tonos pastel en los mismos colores, para suavizar el conjunto del esquema de la habitación. En tercer lugar, los tonos más oscuros.

△ **Optar por el colorido**
Una tela para cortinas, verdaderamente rica en colores, ofrece una gama amplia de opciones para otras superficies de la habitación. Aquí podemos ver una selección de algunas de las telas lisas, y los colores de pintura que podrían ser utilizados para acompañarlas.

▷ **Alegre y brillante**
Esta interpretación moderna de un motivo floral dirige inmediatamente nuestra mirada hacia la ventana y el paisaje que se ve tras ella. Las paredes amarillas contribuyen a mantener la alegre atmósfera creada por las cortinas. El contrastado azul lavanda de los cojines ha sido escogido a partir de otro de los colores del estampado, mientras que la moqueta gris refleja sutilmente el matiz malva.

△ Azules de verano

Enfocado hacia el azul, este esquema, más frío que el anterior, ha sido hecho a partir de una variante pálida en la pared y oscura en el suelo.

△ Frescor de primavera

La elección de dos colores diferentes, un rosa pálido para las paredes y una moqueta verde musgo, lleva un toque de primavera a la habitación.

△ Esquema inverso

Los dibujos de la pared se reflejan en las cortinas crema, la moqueta gris y la inversión de color entre los cojines y sus propios ribeteados.

▷ El papel y las muestras de tela usadas en la habitación mostrada sobre estas líneas. La tela crema autoestampada aporta una textura muy interesante.

△ Brillante y luminoso

Un fondo azul oscuro, junto a un diseño floral
brillante y multicolor, constituye la base para
un esquema de dormitorio poco común. Los
tonos pastel, tomados del sofá, suavizan el
efecto de conjunto. A la derecha podemos ver
algunos de los tonos que pueden ser
escogidos de entre los del estampado para
utilizarlos en el esquema cromático. Las
distintas texturas para la tapicería y las
cortinas, o para los cojines, producen
resultados distintos.

Opciones con miniestampados

Los miniestampados se pusieron de moda cuando surgieron los primeros papeles pintados y telas estampadas en el siglo XVIII. Con su escala casi como de casa de muñecas se adaptaban bien a las casas georgianas de la época y a su elegante mobiliario. Los victorianos también optaban por estos dibujos diminutos distribuidos por doquier, utilizándolos con frecuencia para conseguir un resultado magnífico. Hacia el final del siglo XIX, sin embargo, la popularidad de los diseños de miniatura cayó en favor de otros más grandes y atrevidos.

Hasta los años setenta de nuestro siglo no se volvieron a poner de moda los diseños de conjunto a base de miniestampados. Firmas como la de Laura Ashley comenzaron a introducirlos en gamas de papel pintado con colores estrechamente conjuntados y en telas para decoración profundamente inspiradas tanto por los diseños dieciochescos como por los dibujos indios sobre madera.

Estos motivos permitieron combinar con éxito estampados en una habitación a aquellos que no se habían atrevido hasta entonces a hacerlo. Los fabricantes de azulejos se adaptaron también, combinando sus gamas con las telas y los papeles pintados, de forma que los esquemas decorativos pudieron desde entonces quedar totalmente coordinados. Los fabricantes de moquetas completaron la revolución del miniestampado mediante la introducción de diseños diminutos.

CÓMO UTILIZARLOS

Resultan especialmente útiles a la hora de disimular superficies de pared desigualmente rematadas. Los estampados de dibujo pequeño, a lo largo de toda una superficie extensa, rompen la monotonía de la misma, evitando que la mirada se concentre sobre un punto determinado, observando los defectos. Las moquetas diseñadas a base de motivos pequeños también quedan muy bien en estancias de mucho paso, en especial en los vestíbulos, porque son más sufridas que las lisas.

Sin embargo, los miniestampados necesitan ser escogidos con cuidado. Pueden resultar sobrecargados si el contraste de color entre el fondo y el estampado es demasiado marcado. Los pequeños estampados también pueden perder definición en una habitación grande, aunque en estos casos mejoran su resultado cuando se combinan con diseños de motivo grande.

Fondo apagado

El papel con miniestampados que vemos aquí, tiene fuertes reminiscencias del estilo dieciochesco, tanto en el diseño como en el colorido. El fondo beige apagado contrasta sólo muy ligeramente con el motivo, dando al conjunto un aspecto agradable y un fondo adecuado para el mobiliario oscuro.

△ Azul y blanco tradicional

Los miniestampados combinan bien con el mobiliario tradicional, adaptándose especialmente bien a las casas antiguas y a las habitaciones pequeñas. Si nos mantenemos fieles a colores que combinen bien, resultará más fácil coordinar diseños distintos.

▷ Coordinar dos miniestampados

Los diseños en escala pequeña en esta zona de friso combinan muy bien con el mismo estampado en una versión más clara en la parte superior de la pared. El efecto proporcionado por ambos es muy distinto.

CÓMO ESCOGER

En un comercio en el que todo lo tengamos que escoger a partir del muestrario, puede resultar difícil imaginar cómo resultará un diseño de dibujo pequeño sobre una pared o colgado en la ventana. Siempre que sea posible, intentemos ver una pieza grande de papel pintado o de tela. Alejémonos un poco, cerrando ligeramente los ojos para captar el efecto. Algunas tiendas facilitan la observación de miniestampados tapizando con ellos unos paneles grandes que pueden ser vistos a cierta distancia.

En miniestampados muy espaciados, con grandes extensiones de fondo entre los dibujos, los fondos adquieren importancia e, incluso, a vecs forman sus propios estampados.

Los diseños geométricos necesitan meditarse con cuidado. Si sus paredes no están muy rectas, un miniestampado de este tipo tiende a subrayar esta circunstancia, especialmente si el estampado también tiene rayas. Un hermoso diseño floral, por otra parte, puede contribuir a disimular paredes con abultamientos.

Los miniestampados, cuyos colores tengan un valor tonal parecido, tienden a fundirse, mientras que los contrastes fuertes de color resultan más bulliciosos y directos. Los pequeños ramilletes de flores espaciados si tienen tonos muy contrastados parecen aún más separados unos de otros. En términos muy generales, este tipo de diseño resulta mejor en proyectos para habitaciones pequeñas, en las que no hay mucho mobiliario ni desorden.

Buscando entre los motivos geométricos, encontraremos una alternativa más moderna que los ramilletes de flores en tonos pastel, si se trata de crear una atmósfera romántica. En algunos casos, los motivos geométricos pueden alternarse con rayas, consiguiendo así una apariencia más formal. Los miniestampados comparten con el gotelé y la pintura a la esponja la cualidad de suavizar grandes extensiones de pared y ventanas, transmitiendo una sensación más serena y variada.

Pueden también utilizarse para incorporar colores fuertes a un esquema.

△ Geométricos tradicionales

Este miniestampado de estilo victoriano da la impresión de ser fino y claro cuando se observa a distancia, pero de cerca puede comprobarse que es bastante fuerte e intenso.

▷ Ramilletes alegres y espaciados

Un diseño en rojos y blancos fuertemente contrastados, combinado con un estampado de ramilletes muy espaciados, pudiera llegar a resultar cargado. Sin embargo, las hojitas verde pálido del estampado aportan relieve cromático, compensando el duro contraste. Si añadimos un toque de plantas verde oscuro conseguiremos que el conjunto del esquema sea más relajante.

◁△ **Estampado y liso**

El oscuro papel azul verdoso de este dormitorio se rompe con el diseño a base de florecillas blancas unidas entre sí. El faldón de la mesa, confeccionado en varios colores, recuerda el diseño floral del miniestampado, mientras que los estores y las cortinas compensan cualquier sensación de agobio.

▽ **Estampados para disimular defectos**

Los miniestampados pueden ayudar a corregir rincones mal resueltos, ángulos difíciles y superficies irregulares, que se encuentran con frecuencia en las casas más antiguas. Los tejidos coordinados de la cama y la ventana ayudan a dar una sensación unificada.

Combinando texturas gruesas y lisas

La textura describe las sensaciones que los materiales transmiten al tacto. Cada superficie tiene una textura. Si, por ejemplo, comparamos las superficies de un teléfono y una tetera metálica, encontraremos que aunque ambos parecen lisos, tienen texturas bastante distintas. El material plástico transmite una sensación cálida, y es ligeramente frágil. Sin embargo el metal de la tetera metálica es frío y duro.

La textura puede ser tan visual como táctil. Las técnicas como el gotelé, a la esponja, acanalado o envejecido crean texturas visuales sobre una superficie lisa.

La textura tiene mucha influencia sobre los distintos elementos de una habitación, así como sobre la atmósfera de conjunto. Una selección de texturas hecha a la buena de Dios puede desembocar en un esquema cromático desequilibrado y fracasado, de modo que debemos pensar con mucho cui-dado los materiales que vamos a usar y las superficies —paredes, suelos, techos, mobiliario— que vamos a cubrir.

CÓMO ESCOGER LAS TEXTURAS

Las texturas, a grandes rasgos, están divididas en dos grupos: rugosas y lisas. Cada uno de estos grupos transmite sensaciones bastante diferentes. Las texturas rugosas, como la de los ladrillos, la madera, la cáscara fibrosa del coco, los artículos de cestería y mimbre o el ante, llevan consigo un hogareño aroma rústico. En el extremo opuesto, la lisura del cristal, la dureza de los cromados y el brillo del material plástico, por ejemplo, dan un estilo nítidamente definido a una habitación.

También podemos proyectar brillantes esquemas utilizando combinaciones que no pueden ser incluidas ni en un extremo ni en el otro. Es algo similar a la combinación de muchos tonos diferentes de un color, en vez de utilizar sólo los claros y los oscuros. Las texturas se usan también del mismo modo que las acentuaciones de color. Podemos potenciar el interés de un esquema cromático que, aunque bien equilibrado, haya quedado algo aburrido, incorporando contrastes texturales. De forma parecida, si el conjunto de una habitación ha sido decorado incorporando texturas lisas, la incorporación de algunas superficies rugosas aporta un contraste muy vivo.

CÓMO LA TEXTURA AFECTA AL COLOR

La textura está estrechamente ligada al color. La cualidad de un color, su riqueza y su brillo, por ejemplo, varían dependiendo de la textura de su superficie.

Las superficies lisas reflejan la luz y las mates la absorben. Por ello el color pintado en emulsión sobre una pared parece más claro que el mismo color utilizado en un tejido grueso. Si comparamos dos objetos del mismo color que tengan texturas diferentes —una toalla roja y una jabonera de plástico del mismo color, por ejemplo— veremos cómo se ve afectada la percepción del color.

Cómo combinar texturas

Esta sala de estar combina texturas de todas clases. El cromado pulido y brillante contrasta intensamente con la gruesa y rugosa tapicería de tweed del sofá. Las tapicerías de ante de las sillas, las cortinas de algodón y la alfombra bereber aportan texturas menos extremas.

LAS PAREDES

Las paredes de una habitación son las mayores superficies a decorar en ella. Son literalmente miles las formas distintas de hacerlo. Papeles pintados, pinturas, telas y azulejos aportan una extensa selección de texturas diferentes.

Los papeles pintados tienen todos los tipos de acabados imaginables, que abarcan desde las brillantes y relucientes láminas metalizadas hasta los aterciopelados intensos, incluyendo los papeles gofrados, tales como el anaglypta o avirutado, y vinilos que imitan las texturas como el moiré o la seda salvaje. También están las telas auténticas, como el paño de Hesse, lana, seda, lino o incluso el corcho.

Las pinturas tienen asimismo diferentes acabados, como la emulsión sedosa o la mate, para paredes, y la brillante o la cáscara de huevo para la madera. Contamos con una gran cantidad de técnicas de pintura que añaden textura visual a la superficie de una pared, pero que resultan menos sobrecargadas que las texturas tangibles como el paño de Hesse o la anaglypta. La técnica de envejecido crea un efecto como de seda suave, un poco arrugada, el gotelé fino da una sensación rugosa como de piel de naranja y la técnica a la esponja, con dos o tres colores, puede producir una amplia gama de efectos veteados.

LAS VENTANAS

La textura de las telas para ventanas, ya sean cortinas con festones y faldones o estores venecianos, juega un papel importante en la creación de la atmósfera de una habitación. Las telas densas, como el terciopelo, sugieren calidez. La silueta marcada de un estor veneciano tiene una fría calidad seria y formal. Un elegante estor romano plegable de algodón ocupa un lugar intermedio entre las anteriores.

Las opciones van desde los terciopelos intensos hasta los finos, ondulados y claros, pudiendo incluir tejidos como la muselina o el fieltro.

La textura de los tejidos para ventanas es más pronunciada porque la luz no sólo brilla sobre ellos, sino también a través de ellos. La textura puede ser reforzada también mediante la forma en que colguemos las cortinas. Los pliegues y encajes, por ejemplo, provocan un juego de luces y sombras sobre la superficie de los tejidos.

No tenemos que constreñirnos nosotros mismos al uso de un tejido para una ventana. Podemos combinar en distintas capas diferentes texturas y diseños distintos: un estor enrollable con cortinas, dos o tres cortinas de diferentes pesos visuales, o colgadoras con estores.

Las distintas capas, ya sean de encaje, algodón o satén, se descubren por partes para mostrar las diferentes texturas.

LOS SUELOS

Los suelos son las superficies con las que tenemos más contacto y por ello sus texturas, ya transmitan rugosidad o lisura, calidez o frío, dureza o suavidad, son tan importantes como la elección de su color o cualquier otra consideración práctica. Las moquetas pueden ser lisas, nudosas o moteadas para crear una cierta textura visual. Las alfombras, esteras de junquillo, de fibra o sisal, los suelos en madera o en corcho, traen consigo una sensación cálida. Las baldosas de piedra o de cerámica, el mármol y la pizarra, son todas ellas superficies duras y frías.

Con frecuencia el suelo constituye el punto de partida en un esquema decorativo. Utilizando varios materiales distintos, moquetas de pared a pared, esteras de fibra de coco, madera y baldosas de piedra, quizá conseguiríamos un efecto de conjunto mejor que si usamos el mismo material en toda la superficie.

En casa donde las habitaciones tienen más de una función, un cambio en la textura de los suelos puede indicar los diferentes usos de cada espacio. Por ejemplo, un comedor/cocina puede ser puesto con baldosas de piedra, con una alfombra bajo la mesa y las sillas, para llevar calor a una zona que no precisa ser tan funcional.

OTRAS SUPERFICIES

Aparte de las paredes, suelos y ventanas, hay que tener en consideración otras muchas superficies en un esquema decorativo.

El mobiliario puede combinar con todo tipo de texturas. La madera es una superficie muy versátil. La madera del mobiliario puede ser brillante y muy pulida, o lisa con un acabado mate, decolorada o tratada para sacar la veta, teñida con un acabado satinado o barnizada para producir un lustre sutil o un brillo más fuerte.

Los laminados de madera, lisos y sufridos, son adecuados para su uso en la cocina. Otros laminados plásticos con una variedad de superficies —lisa, a rayas satinadas o mates, a imitación del mármol, por ejemplo— se usan en encimeras de cocina.

Los sofás y las sillas pueden tapizarse en una gama amplísima de telas para muebles, que van desde tweed nudoso, terciopelos acanalados, lino, algodón; hasta el ante y la piel. Las sillas de caña y mimbre se combinan con madera o se contrastan con muebles a base de cromados y mimbres y constituyen una alternativa a la madera.

Las superficies duras y lisas, como el cristal y el cromo, crean contrastes fuertes cuando se combinan con telas para mobiliario más suaves, pudiendo ser incorporadas al plano estilo high-tech a base de cuero, caucho y acero inoxidable.

△ Útil y rugoso

El tejido de lana en color crema claro, el algodón satinado melocotón oscuro, la estera de fibra de coco y la madera de arce y de roble pulida, producen una confortable combinación de texturas auténticas y visuales.

TEXTURAS NATURALES

La textura nudosa de la moqueta bereber, la rugosidad de la madera sin pulir o del corcho, la suavidad de los tejidos de lana, son sólo algunas de las texturas naturales que ayudan a crear una acogedora atmósfera hogareña en una habitación.

En el atractivo interior que podemos ver arriba, una gama limitada de colores —beige, terracota, crema y blanco— y la falta de cualquier estampado fuerte, muestra la variedad de texturas que tienen las superficies. El acabado liso de las mesas de nido en roble claro, los marcos de los cuadros y la panelización de madera pintada, complementan la superficie rugosa de la estera de fibra de coco, la lana de la tapicería del sofá y los cojines hechos de algodón satinado.

Fijémonos en el hecho de que no se dan contrastes extremos entre las texturas. La estera de fibra de coco tiene un diseño de espiga que añade interés a un esquema plano, sin llegar a hacerse demasiado dominante por demasiado fuerte. De la misma forma, la madera, aunque muy pulida, no tiene la dureza fría de metales tales como el latón o el acero inoxidable.

La combinación de texturas auténticas, algunas más rugosas que otras, y texturas visuales, como el veteado de los marcos de los cuadros y el roble de las mesitas de nido, queda francamente bien porque es equilibrada y provoca una sensación muy confortable en la habitación.

La iluminación también tiene aquí su importancia. Una luz suave subraya las diferencias entre las texturas de las superficies.

LAS SUPERFICIES LISAS

Los cromados, el cristal, el mármol, los espejos, el laton, la cerámica y el acero inoxidable son sólo algunos de los materiales que
tienen muy duras superficies lisas. Pero no todas las superficies
lisas son duras. Hay materiales como el Perspex, los vinilos, los
laminados plásticos y el cuero que pueden tener también cierta
flexibilidad.

Las texturas lisas pueden ser brillantes o mates. La mayoría de
los acabados brillantes, como el de los cromados, el latón o los
espejos, tienen un aspecto frío. En contraste, la mayoría de las
superficies mates, como el vinilo, la madera teñida o las paredes
pintadas presentan cierta calidez.

Una habitación que esté por entero decorada con materiales
fríos tiende a resultar muy definida y dura, incluso austera. El
comedor mostrado arriba está decorado a base de distintos
materiales de superficie lisa —cromados, metal perforado, vinilos,
cristal y madera teñida— utilizando una gama limitada de colores.
El fuerte contraste cromático —el negro de la mesa de madera
teñida y las paredes blancas, por ejemplo— subraya las texturas
de la superficie. Las líneas sencillas de los muebles también contribuyen a resaltar esta circunstancia. Observemos las líneas rectas, los ángulos marcados y las formas geométricas de las mesitas
auxiliares con forma de cubo. El diseño a cuadros del suelo de
vinilo supone un fondo ideal para este marcado esquema lineal,
aunque el efecto queda suavizado al utilizar el gris en vez del
blanco y negro.

△ **Ir hacia los extremos**
*Los cromados pulimentados, el cristal, la porcelana y el vinilo combinan
acabados mates y brillantes sobre superficies lisas para producir un
estilo muy definido.*

△ Liso y rugoso

La madera pulida, el mantelito individual, los encajes y la porcelana de bonito diseño con motivos florales, combina. muy bien con la sufrida y lisa melamina y las baldosas brillantes y satinadas.

FUNCIONAL Y CONFORTABLE

Una combinación de texturas rugosas y lisas da como resultado un esquema de habitación bien equilibrado. El sentido práctico tiene a menudo un papel que jugar. Una moqueta muy mullida puede parecer perfecta para un cuarto de baño —cálida y lujosa— pero no resulta en absoluto práctica cuando hay un montón de agua alrededor. Un suelo de linóleum o de vinilo es una buena alternativa, porque es impermeable, pero un suelo de corcho bien sellado pudiera ser todavía mejor, porque es a la vez práctico y de contacto cálido.

Una cocina necesita ser práctica, pero no necesariamente high tech. Esta cocina consigue un equilibrio entre las texturas cálidas y hogareñas —como la madera y el algodón— y las superficies sufridas y funcionales. Las alacenas y las superficies de trabajo están acabadas en melamina lisa blanca con azulejos turquesa pálido satinados. El suelo resulta vivo y fresco, además de ser fácil de limpiar. Está en un turquesa coordinado con un ribete blanco y cubierto con una alfombra a rayas, que aporta un poco de confort al suelo liso sin llegar a resultar poco práctico.

Una sencilla cortina de algodón pende de una barra de madera situada encima del marco de la ventana de madera con listones. Fijémonos en que también el estor enrollable en una tela contrastada está hecho a medida. Las sillas y la mesa de cocina de madera de pino, recubierta por un mantel blanco delicadamente bordado, con su bonito y sencillo ribete de encaje, añaden un toque rústico al conjunto.

Cómo combinar estampados

Hasta hace poco tiempo, la coordinación de estampados distintos en una misma habitación exigía un excelente ojo para los colores y mucha seguridad y autoconfianza a la hora de llevar adelante las ideas. Coordinar un papel pintado a rayas con las telas de motivos florales y los accesorios que los acompañan, significa tener que recorrer las tiendas llevando consigo retales, con la esperanza de que nuestra compra resulte un complemento acertado de la muestra original.

Hoy cada vez más fabricantes producen amplias gamas coordinadas de telas, papeles pintados, ribetes e incluso adornos y accesorios. Estas gamas permiten la creación de esquemas decorativos mucho más interesantes para las distintas habitaciones, evitando el riesgo de organizar un desastre visual, porque han sido proyectadas para que combinen bien, incluso cuando cambian los diseños. Pueden incluir estampados florales, moteados, listas y colores lisos, dando con mucha frecuencia un aspecto muaré o de tejido autoestampado en una gruesa tela de tapicería.

△ **Tabla de muestras**
Muestras de tela y papel pintado utilizadas para construir el esquema de la habitación de la izquierda.

◁ **Un fondo para unificar**
El cálido fondo beige del estampado dominante con motivos florales azules y albaricoque tiene un diseño «estilo muaré». Esta circunstancia se repite en el papel pintado, que también tiene flores de color albaricoque. La mesa está cubierta con dos faldones, ambos con autoestampados. La de arriba lleva motas y la de abajo tiene un diseño muaré para enlazar con el estilo de todo el conjunto.

△ Geométricos

Cuatro diferentes diseños en zigzag se combinan para conseguir un sorprendente y moderno esquema de habitación. El estampado vertical en forma de sierra de las paredes se refleja en los zigzags de la ropa de cama y la pared de la habitación contigua, mientras que el más complejo diseño en espiga del reverso de la funda del edredón introduce un elemento más claro en el esquema general a la vez que mantiene el motivo geométrico.

◁ Rejillas y flores

Un brillante diseño geométrico a base de rejillas constituye un fondo natural para un estampado de motivo floral que emplea los mismos colores. Aunque en dos estilos de diseño bastante diferentes, esta combinación funciona bien por la coordinación de flores y rejilla y porque los dos colores principales son idénticos, viniendo ya con la misma gama desde el propio fabricante. La repetición de la rejilla a menor escala en la cenefa de papel pintado rompe la gran extensión de pared.

CÓMO PROYECTAR UN ESQUEMA

Cuando escogemos un esquema coordinado de habitación en el que todos los elementos de diseño vienen de la misma gama, en primer lugar tenemos que decidir qué estampado es el apropiado para ser usado en las superficies más grandes. En la mayoría de los casos se trata del papel pintado y la tela de las cortinas.

Cuando analicemos las paredes, habrá que tomar algunas decisiones previas a la elección final. Por ejemplo ¿vamos a necesitar dos tipos diferentes de papel, uno para la parte que quede encima de la guardasilla y otro para la parte de abajo?; ¿nos gustaría utilizar un ribete, bien para subrayar una característica arquitectónica especial o para quebrar una superficie monótona?

A partir de aquí ya podemos dedicarnos a los accesorios, detalles y toques finales. Si las cortinas son largas ¿mejorarían su aspecto unos lazos de sujeción? Si es así, conviene elegir el mismo tejido o uno combinado con el dibujo más pequeño y proyectar su repetición en cojines o, quizas, en los faldones de la mesa. Si queremos vestir las ventanas de una forma más sofisticada, podemos tener en cuenta la posibilidad de añadir un estor para coordinar con los lazos de sujeción.

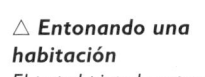

△ **Entonando una habitación**
El papel pintado estampado en tonos claros a base de hojas esparcidas, que se ve coronado por un ribete más elaborado, es utilizado de nuevo, aunque en sentido inverso, encima de la pequeña cornisa. Los colores de la tela de la cortina son más fuertes, hasta el punto de convertirse en la característica dominante en la habitación.

Escogiendo para la dovela una pintura que combine bien con el color de los motivos del papel pintado, no sólo la transformaremos en un elemento decorativo de mucho interés en sí misma, sino también en un recurso visual para disminuir la altura de la habitación.

◁ **Abstractos llamativos**
Dos diseños abstractos en tonos muy vivos pueden combinar bien si tienen los mismos tonos y colores. Aquí, el fondo claro de color pajizo se repite en la moqueta, formando un suave contraste neutro con las intensas telas.

△ Miniestampados

El común denominador aquí es el diseño integral del papel pintado a base de pequeños ramos de florecillas, que se repiten de forma más intensa, con flores más grandes y de color más intenso en la tela utilizada tanto para el estor como para el asiento bajo la ventana. Todo ello da énfasis a la ventana, de modo que se separa visualmente de las paredes, sin dejar por ello de permanecer integrada en cierto modo con ellas.

▷ Cuadros y flores

Considerando todo el conjunto, hay cinco estampados distintos. desde las rayas y cuadros de estilo geométrico hasta los grandes diseños florales, y un frondoso miniestampado, todo combinado hasta desembocar en este armonioso esquema decorativo para dormitorio. Y funciona porque todas las telas proceden de la misma partida de teñido. Los tonos pastel dan un aire relajado a lo que pudiera haber supuesto una cargada mezcla de diseño y colores.

△ **Tabla de muestras**
Muestras de los cinco diseños coordinados
que se pueden ver en la foto de la izquierda.

△ **Rural y sofisticado**
Un intenso autoestampado en
chintz color frambuesa constituye
un fondo perfecto para la
madera antigua, mientras que los
cojines floreados reflejan el aire
rural del mobiliario. Los diseños
se mantienen unidos por los
intensos rosas, que se ven por
todas partes, y por los motivos
florales de los cojines y los de
tres frutos de los dos papeles
pintados.

▷ **Sencillo y elegante**
Este elegante rinconcito de
desayuno ha sido creado
manteniendo fijos dos colores
—azul y blanco— y dos motivos
—ramilletes de flores y lunares
diminutos—. Las sillas, muy
cotidianas en su diseño, y el
aparador, están pintados de
blanco, habiendo sido
empapeladas las puertas del
aparador.

CÓMO HACER UN ESQUEMA PARA COMBINAR Y COMPARAR

Las ilustraciones muestran cómo podemos construir un esquema integral de habitación empezando por las paredes y los revestimientos de ventanas, para después añadir los festones y un asiento; terminando por un ribete de papel pintado y por los cojines. Abajo se pueden ver las muestras de papeles pintados y de telas utilizadas en el esquema.

△ **Etapa 1.** Los papeles pintados y las cortinas a juego se pueden decidir viéndolos ya colocados, con lazos de sujeción coordinados.

△ **Etapa 2.** Se añade un tercer diseño coordinado para el estor y los elegantes cojines situados en el hueco de la ventana.

△ **Etapa 3.** Los cojines introducen un cuarto diseño, reflejado en la cenefa que ribetea con elegancia el borde del papel pintado.